和谐校园文化建设读本

华夏风情

王德智/编写

吉林教育出版社

图书在版编目(CIP)数据

华夏风情 / 王德智编写. 一 长春：吉林教育出版社，2012.6（2018.2 重印）

（和谐校园文化建设读本）

ISBN 978－7－5383－8946－3

Ⅰ. ①华… Ⅱ. ①王… Ⅲ. ①风俗习惯－中国－青年读物②风俗习惯－中国－少年读物 Ⅳ. ①K892－49

中国版本图书馆 CIP 数据核字（2012）第 116045 号

华夏风情   王德智　编写

策划编辑　刘　军　　潘宏竹

责任编辑　付晓霞   **装帧设计**　王洪义

出版　吉林教育出版社（长春市同志街 1991 号　邮编 130021）

发行　吉林教育出版社

印刷　北京一鑫印务有限责任公司

开本　710 毫米×1000 毫米　1/16　　13 印张　　**字数**　165 千字

版次　2012 年 6 月第 1 版　　2018 年 2 月第 2 次印刷

书号　ISBN 978－7－5383－8946－3

定价　39.80 元

编　委　会

主　　编：王世斌

执行主编：王保华

编委会成员：尹英俊　尹曾花　付晓霞

　　　　　　刘　军　刘桂琴　刘　静

　　　　　　张　瑜　庞　博　姜　磊

　　　　　　潘宏竹

　　　　　　（按姓氏笔画排序）

总序

千秋基业，教育为本；源浚流畅，本固枝荣。

什么是校园文化？所谓"文化"是人类所创造的精神财富的总和，如文学、艺术、教育、科学等。而"校园文化"是人类所创造的一切精神财富在校园中的集中体现。"和谐校园文化建设"，贵在和谐，重在建设。

建设和谐的校园文化，就是要改变僵化死板的教学模式，要引导学生走出教室，走进自然，了解社会，感悟人生，逐步读懂人生、自然、社会这三部天书。

深化教育改革，加快教育发展，构建和谐校园文化，"路漫漫其修远兮"，奋斗正未有穷期。和谐校园文化建设的研究课题重大，意义重要，内涵丰富，是教育工作的一个永恒主题。和谐校园文化建设的实施方向正确，重点突出，是教育思想的根本转变和教育运行机制的全面更新。

我们出版的这套《和谐校园文化建设读本》，全书既有理论上的阐释，又有实践中的总结；既有学科领域的有益探索，又有教学管理方面的经验提炼；既有声情并茂的童年感悟，又有惟妙惟肖的机智幽默；既有古代哲人的至理名言，又有现代大师的谆谆教诲；既有自然科学各个领域的有趣知识，又有社会科学各个方面的启迪与感悟。笔触所及，涵盖了家庭教育、学校教育和社会教育的各个侧面以及教育教学工作的各个环节，全书立意深邃，观念新异，内容翔实，切合实际。

我们深信：广大中小学师生经过不平凡的奋斗历程，必将沐浴着时代的春风，吸吮着改革的甘露，认真地总结过去，正确地审视现在，科学地规划未来，以崭新的姿态向和谐校园文化建设的更高目标迈进。

让和谐校园文化之花灿然怒放！

本书编委会

目 录

西汉与乌孙的和亲

西汉时期，西北方分布有许多西域民族（当时的西域指今新疆以至中亚及更远的西方）。乌孙是其中比较强大的一个，人口63万，军队18万多人。乌孙以游牧为主，尤其是养马业相当发达，富户一家养马往往达四五千匹之多。

乌孙与其他西域诸族一样，原先都处于匈奴的统治与奴役之下。乌孙势力逐渐强盛后，不甘心再受匈奴羁属。此时的西汉皇帝正是雄才大略的汉武帝，为了寻求对付匈奴的同盟，他采取和亲政策与乌孙交好，打算以此作为手段，将西域诸族一一争取过来，从而达到"断匈奴右臂"的目的。这样，双方都有了建立友好关系的基础。

汉与乌孙之间曾经两度和亲。

元封六年（前105年），汉武帝封江都王刘建的女儿细君为公主，出嫁乌孙王猎骄靡。细君公主到了万里之外的乌孙后，由于习俗迥异，语言不通，感到苦闷抑郁，曾作歌一首来抒发自己的思乡之情：

> 吾家嫁我兮天一方，远托异国兮乌孙王。
>
> 穹庐为室兮旃为墙，以肉为食兮酪为浆。
>
> 居常土思兮心内伤，愿为黄鹄兮归故乡。

几年后，细君公主因病去世。汉武帝又于太初四年（前101年），将楚王刘成的孙女解忧续嫁军须靡。

虽然也是长自深宫闺院，解忧公主却性格开朗乐观，豪爽不羁，很快就适应了乌孙的生活。她常常身穿貂狐裘，头戴孔雀瓴羽帽，肩披狼尾，足蹬皮靴，跨下胭脂马，或随同乌孙王巡视部落，或在草原上纵马驰猎，一派飒爽英姿。但为时不久，军须靡猝然病故，其侄翁归靡继位。解忧公主依照乌孙婚俗，改嫁翁归靡为妻。

翁归靡是乌孙历史上的一代名王，对乌孙的历史发展曾有过重要建树。在翁归靡一生事业中，解忧公主曾给他以不小的帮助与影响。在四十多个寒暑里，他们朝夕与共，感情和好。与解忧公主的共同生活，使翁归靡对汉王朝有了更进一步的认识，加强了双方的联盟关系，同时不断增强国力，以求彻底解除匈奴的威胁。

由于翁归靡坚决执行亲汉方针，引起匈奴的忌恨。匈奴在攻取车师国后，挺军进攻乌孙。翁归靡与解忧公主联名上书汉宣帝，请求出兵配合。汉宣帝当机立断，派出精锐之师，在蒲类（今巴里坤草原）一举击败匈奴右谷蠡王所率军队，光是缴获的牲畜就达70余万头。经过这次惨败，匈奴元气大伤，原来受其控制的一些西域民族纷纷脱离匈奴而附汉，"汉之号令遂班西域"。

蒲类战役后，乌孙在西域诸族中的威望大为提高。天山以南的龟兹、莎车等王国都极力交好乌孙，借此进一步密切与西汉王朝的关系。龟兹与乌孙国境相邻，过去车师被匈奴控制时，汉朝和乌孙的联系，都是取道龟兹。龟兹王绛宾曾派人往乌孙求娶翁归靡与解忧的长女弟史。但弟史当时正在汉都长安学习弹琴，后来学成后，汉朝派侍郎乐奉护送弟史返国。途经龟兹，绛宾又要坚留弟史，再派使臣往乌孙请婚，终获同意。弟史成亲后，解忧又上书汉廷，请求将弟史视同宗室女，允许她按期赴长安朝见。元康元年（前65年），绛宾与弟史一同到达长安，汉宣帝对他们厚爱恩宠，称弟史为"公主"，赐给印绶及车骑、旗鼓、仪仗等物，还有歌吹奏乐者数十人，"绮绣杂缯琦珍凡数千万"，留他们在长安住了将近一年。以后，绛宾、弟史多次入朝，一直保持着同汉朝的密切交往。绛宾死后，其子丞德继位为王，自称汉朝外孙，与汉王朝的关系更为密切。

解忧公主的次子万年，深为莎车王所喜爱。莎车王死后，没有子嗣，莎车王国的贵族们向汉朝提出让万年到莎车承继王位的请求。万年当时正在长安，汉朝遂于元康元年（前65年），派奚充国为使，护送万年前往莎车即位。

元康二年（前64年），翁归靡向汉王朝建议，废泥靡（军须靡与匈奴公主所生之子），另立他与解忧所生长子元贵靡为王储，并为元贵靡求娶汉公主。汉廷选定解忧的侄女相夫为和亲公主，出嫁元贵靡。汉廷为这次和亲做了充分准备，让相夫住在上林苑，学习乌孙语言，并为她置备了一百多人的官属、侍者。翁归靡派出三百多人的迎亲使团，携带马、骡各一千匹为聘礼，浩浩荡荡地到了长安。公主离开长安时，朝廷在上林苑中的平乐观大摆喜宴，招待四方君长，特派长罗侯常惠等四人持节为使，护送相夫前往乌孙。然而当相夫一行到达敦煌时，却传来翁归靡病故，泥靡在一些亲匈奴的乌孙贵人拥戴下继位为王的消息。乌孙国内风云突变，使原议婚事成为泡影，相夫被召回长安，这次和亲未获成功。

甘露三年（前51年），元贵靡病亡后，解忧公主无限悲伤，上书宣帝，表示"年老思乡，求葬汉地"的愿望，宣帝允准。此年冬，年逾七旬的解忧公主带着三个孙儿女回到了阔别半个多世纪的长安，受到宣帝的隆盛接待与丰厚赏赐。

返回长安两年后，解忧公主溘然而逝。其同来孙子、孙女三人都留在长安为她守墓，再未回到乌孙。

解忧公主自出塞和亲，在乌孙生活长达50年之久。在此期间，乌孙及其他西域诸族与汉的友好关系不断增进，这与解忧公主的作用是分不开的。

昭君和亲

在中国民族关系史上，流传着一段历史佳话，就是昭君和亲。汉元帝竟宁元年（前 33 年），匈奴呼韩邪单于（匈奴王）到汉朝请求和亲。汉元帝将宫女王昭君以"公主"名义许配给单于，结下了这段姻缘。

匈奴在汉代是一个强大的北方游牧民族，多年与汉朝进行战争，遭受很大损失。到了呼韩邪单于时期，就想要求和平，休养生息，所以主动来汉朝请婚。汉朝也想借此加强与匈奴的和好关系，便答应了这门亲事。

王昭君原本是民家女子，长得非常美丽，被选入皇宫当宫女。那时宫女成百上千，她虽然入宫好几年，却连皇帝的面都没有见过，心中积满悲伤和怨愤。当她知道匈奴单于来请求和亲时，便主动提出，愿意嫁去匈奴，以此来增进汉朝与匈奴的和好关系，也借此机会，跳出汉朝皇宫这座牢笼。汉元帝应允了她的请求。

王昭君嫁到匈奴以后，匈奴单于封她为"宁胡阏氏"。"阏氏"是单于王后，"宁胡阏氏"就是给匈奴带来安宁的意思。汉朝给匈奴赠送了弓、箭、刀、矢、鞍车、锦、绣、絮、帛等大量的手工艺品，加深了汉匈文化交流和对匈奴的文化影响，增进了汉匈之间的民间往来和互市贸易，促进了彼此经济的发展，增强了友好关系。历史记载说，自从王昭君和亲以后，汉匈之间保持了三代人的和平关系，过去曾经燃烧过一个世纪的战争烽烟熄灭了，代替它的是农牧民的袅袅炊烟，长城内外出现了边城很晚才关闭，牛马牲畜遍布原野的升平景象。

后来，许多诗人、文学家写了大量诗歌、散文、小说来歌颂昭君和亲。直到今天，中国各族人民仍然怀念和歌颂着这位远嫁的姑娘。

两位公主播友谊

汉藏人民的友谊源远流长。早在 1300 多年前，吐蕃王朝的赞普迎娶了唐朝皇室的两位公主——文成公主和金城公主，她们把汉藏友谊的种子播撒在万里高原之上，开出了汉藏人民的友爱之花，结出了汉藏团结的丰硕之果。

唐初，有远见的政治家松赞干布统一了吐蕃各部，建立起强盛的吐蕃王朝。这时，中原地区的唐朝正处在唐太宗"贞观之治"的盛世。唐朝国力强盛，经济、文化发达闻名四方，各部首领相继向唐请婚，以依靠大国之威来统治其部众。公元 640 年，松赞干布派遣禄东赞等使臣，携带黄金 5000 两和丰盛的礼品，专程到长安请婚，受到唐太宗的热烈欢迎，答允将文成公主嫁与松赞干布。

公元 641 年，文成公主由礼部尚书江夏王李道宗护送入藏。启程之日，成队的骡马驮着珠宝、绫罗、衣服、饰物、书籍等丰厚嫁妆，另备洁车奉载释迦牟尼佛像。车队浩浩荡荡地离开长安，向西藏进发。当抵达青海赤岭时，她想最后瞭望一下家乡。可是群山起伏，云雾迷漫，哪里望得到呢！她便从怀中拿出长孙皇后赐予的"日月宝镜"，镜中现出大唐长安巍峨的宫殿和富饶美丽的景色，文成公主眷恋之情油然而生。但她想到身负联姻通好的重任，当即将"日月宝镜"抛下赤岭东坡，以示她一心前往西藏的决心。"日月山"的名称也就由此流传下来。

松赞干布亲自率领禁卫军来到柏海（今青海扎陵湖）迎接公主。

他对李道宗执子婿之礼，十分恭敬。文成公主由禄东赞等吐蕃大臣护送，继续向逻些（今拉萨）进发。公主沿途向吐蕃人民传授农业技术，教他们耕翻土地、种植粮食、安装石磨等技术。公主进藏途中的功绩广为流传，许多地方建立了公主堂以作纪念。

文成公主到达逻些时，受到吐蕃人民的盛大欢迎。她与松赞干布的婚礼，成为吐蕃人民欢乐的节日。据藏文历史著作中记载，文成公主从长安带到西藏的有释迦牟尼的佛像、各种珍宝、金玉书厨、360卷经典，各种镶金嵌玉的首饰、各种烹菜调味的佐料、各种香甜可口的饮料，金鞍玉辔，绣有狮子、凤凰、树木、宝器等花纹的锦缎垫帔，占卜经书300种、建筑与工艺著作60种、治404种病的医方百种、诊断法5种、医疗器械6种、医学论著4种，还有大批珍宝、绸缎、衣服及农作物蔬菜种子等等，都对发展吐蕃经济文化起了积极的作用。此外，文成公主带到吐蕃的随从人员和工匠，向当地人民传授平整土地、开挖畦沟等耕作方法以及安装水磨、纺织、刺绣等技术。吐蕃人民善于学习先进经验，很快就掌握了这些技术。文成公主为发展吐蕃的佛教，大兴土木，修建了小昭寺，把她带去的释迦牟尼佛像供奉其中。文成公主的和亲，加强了唐蕃和好关系，促进了吐蕃农业和手工业的发展，密切了双方经济文化的交流。文成公主在西藏生活了40年。她的事迹被后人编写成民歌、藏戏等文学作品，广泛流传于民间。

在文成公主和亲69年以后，唐朝又将金城公主嫁与吐蕃赞普赤德祖赞。这是汉藏友好关系史上的又一重大事件。唐中宗率领文武百官把金城公主送至长安附近的始平县，设立临时帐幕，摆上盛大酒宴，与公主和吐蕃代表欢聚话别。以后，为纪念金城公主入吐蕃，人们把始平县改名为金城县。

金城公主入蕃时，不仅带有大批工技书籍和杂技诸工，还带去了数万匹锦缎以及宫廷所用的各种器具和龟兹乐等。这些书籍、物品和技术，一方面直接影响和促进着吐蕃社会经济、文化的发展；另一方面加深了吐蕃对中原地区的了解，增强了唐蕃之间友好往来的关系。同时，吐蕃的许多土特产品也相继传入唐朝，促进了中原地区对吐蕃的了解。

公元730年，金城公主遣大臣赴唐索取诗书。唐玄宗指派专人缮写《毛诗》《文选》《礼记》《左传》等书，送到吐蕃。金城公主在吐蕃期间，吐蕃经常以公主的名义朝贡唐朝，敬献各种方物，并派遣酋豪子弟入唐国子监读书。同时，还以公主的名义请求唐朝互市。金城公主在吐蕃生活了三十年，继文成公主之后，对增进汉藏友好关系，发展唐蕃的文化、佛教、经济等方面作出了重大贡献。公元739年，金城公主逝世。唐玄宗得知这一噩耗后，在光顺门外为她举哀，废朝三日。赤德祖赞在上书唐玄宗的奏表中说："外甥是先皇帝舅宿亲，又蒙降金城公主，遂和同为一家，天下百姓，普皆安乐。"这些无疑是对金城公主一生的高度评价，同时也反映了唐蕃友好的历史潮流。

铜　鼓

铜鼓是我国南方一些少数民族喜爱的礼器和乐器，已有两千多年的历史。我国南方的壮、布依、苗、瑶、彝、侗、水、佤等少数民族，都有珍藏和使用铜鼓的习惯。铜鼓造型优美，纹饰图案丰富多彩，生动地展示了我国古代南方少数民族的生活景象。

世人对于铜鼓的认识缘于1884年在维也纳举行的一次青铜器展览会。当时，一位古董商展出了一件巨大而奇特的铜器——铜鼓，引起了人们的极大关注。特别是关于它的起源、用途等问题，使一些考古学家产生了浓厚兴趣。此后，国内外的专家学者搜集、整理了一系列关于铜鼓的资料，发表了大量的学术论著。我国对铜鼓进行造型纪录的第一部著作，是清代梁诗正的《西清古鉴》。

关于铜鼓的起源，其说法不一，但根据现有资料，源于中国南方或越南北部的可能性最大。

从考古发掘看，我国云南楚雄万家坝古墓群中发现的"万家坝铜鼓"，经科学测定其年代为公元前690年左右，相当于我国春秋早期，是目前世界上发现的年代最早的铜鼓。广西北流出土的云雷纹大铜鼓，面径165厘米，残高67.5厘米，重达300公斤，是目前世界上最大的一面铜鼓。现在，我国各地收藏的铜鼓已有1400多面，不论拥有实物之多还是文献记载之丰富，都居世界之冠。

关于铜鼓最早的制造者和使用者究竟是谁，学术界也看法不一。有的学者认为，年代最早的万家坝型铜鼓主要分布在云南的楚雄、弥渡、祥云、昌宁、晋宁一带，这一带应是铜鼓的最早的故乡，铜鼓的铸造者与百濮系统和氐羌系统的古代民族有密切关系。有的学者认为，铜鼓起源于岭南地区，古代百越民族中的古越人是铜鼓最早的制造者和使用者。还有一些学者指出，要确定古代某一民族是铜鼓的早期制造者和使用者是极其困难的，铜鼓的产生可能包括着西南民族，乃至西北民族的多种民族文化因素。

铜鼓最早的用途是作为炊具。最早类型的万家坝型铜鼓，出土时都是倒置的，铜鼓四周有烟熏的痕迹，这说明铜鼓曾经用作炊具，是由古代的陶釜逐渐演变而来。时间较晚于万家坝型的石寨山型铜鼓，出土时鼓面朝上，铜鼓的使用已逐渐由炊具演变为乐器了。考古学家们认为，陶釜——釜形铜鼓，炊具——炊具兼乐器——乐器，这就是铜鼓发展的过程。

现在，我国南方少数民族使用铜鼓的场合各有不同。云南边境地区佤族一般在大的宗教活动、丧事或失火时使用铜鼓，铜鼓起着传递信息的作用。佤族人常常用铜鼓来显示自己的财富，提高自己的威信；有铜鼓的人，到处受人尊敬，社会地位亦随之提高。在侗族地区，每年春节前后，村寨里就敲响了铜鼓，铜鼓声越亮，就越预示着来年又是一个丰收年；人们把辞旧迎新、预兆丰年的心愿与铜鼓联系在一起。在更多的少数民族地区，铜鼓已不再用于宗教祭祀，而是在喜庆节日活动中击鼓助兴。像壮、苗、彝等族民间至今仍流行铜鼓舞，这里铜鼓已主要作为一种乐器来使用了。

花山崖壁画

广西花山崖壁画闻名遐迩。到了广西宁明县，北出县城沿明江顺流而下 25 公里，就可见江东岸石壁上宏伟壮观的花山崖壁画。

在明江和左江两岸的悬崖峭壁上，类似的壁画有 180 多处，分布于宁明、龙州、崇左、扶绥等县境 200 多公里的范围内。因宁明县的花山壁画发现最早，图像最多，画幅最大，所以这些崖壁画被统称为"花山崖壁画"。

花山石壁高约 260 米，宽约 300 米。石壁下部的画面长 170 米，宽近 40 米，有大小人物形象 1300 多个。人像一般高 50 多厘米，大多为武士形状的男人，正面马步而立，两手屈肘平举。有的头扎幞巾，或插雉鸡翎，腰挂环首刀，跨着骏马；有的排列成行，如集体舞蹈；有的侧身屈膝，双手上举，如捧物或跳跃状。众多人像之间，又有似虎似犬的动物形象，还穿插了一些像铜鼓又像铜锣或盾牌之类的圆形物件。整个画面图像呈赭色，线条粗犷有力，反映古代将士操练、会师和歌舞庆祝的场面，富有原始风格。花山崖壁画连同明江、左江两岸的珠山、龙峡、高山、洪山等多处壁画，绵延数百里，人物众多，内容丰富，如一组巨型连环画，宏伟壮观，体现了古代壮族人民的集体智慧和勤劳勇敢精神。

花山崖壁画图像古朴，绘制技巧原始，有的地方崖壁画已被钟乳石覆盖，可见年代之久远。壁画所表现的内容是多方面的，反映了壮族古代社会的生活。这些画是什么时候绘制的，反映的是哪个时期的生活，尚难断定。有的人认为是西汉以前绘制的。西汉之初，瓯骆部落有"裸国"之称，壁画的主题风格与东汉以前关于瓯骆的记载接近，瓯骆人是壮族的先民，这些壁画是他们绘制的。有的人认为，画上的圆圈是铜鼓，壁画反映的是壮族奴隶社会的生活，从崇左壁画上的大楷体汉字"魁"字来看，绘制时间在前汉至唐之间。有的人把这些壁画的绘制与唐代的黄巢起义，西原州首领黄乾曜、黄少卿等人领导的起义联系起来，认为是那个时代的作品。

关于壁画的主题和制作意图，也有争议。有人认为，这些壁画绘制手法原始，都是一些抽象的单划画，人物没有面貌，形象没有情感，是从绘画向形象文字发展的过渡时期的一种语言符号。有的人根据壁画上人物骑马挎刀执镞和队列舞蹈图像，认为是出征誓师，或认为是庆祝丰收、欢庆战争胜利。有人认为壁画是用来镇压水妖的，理由是：这些壁画大都绘制在河道弯转、水深滩险的地方。左江、明江河床深窄，伏流暗礁多，每遇大风暴雨就泛滥成灾。壮族古代先民在渔猎生产中，面对汹涌激荡的江流，无法解释自然界中的一些奇怪现象，只有求神祭祀消灾，希望能用某种符法来制服水中的妖魔鬼怪。壮族先民有击铜鼓赛江神以祈风调雨顺的习俗，花山壁画中有较多铜鼓图像，就是将击铜鼓祈神消灾的活动场面绘于峭壁上，以镇水妖。根据现存壁画有的色泽犹新，有的已为钟乳石所覆盖，有些已经风化掉色等情况判断，这些壁画并非成于一时，而是在相当长的时期内陆续绘制成的，其上限可推到战国晚期，下限不会晚于唐代。但都没有定论。

花山崖壁画如此规模巨大、人物众多、气氛热烈，不仅国内罕见，在世界上也是稀有的古代艺术珍品。它反映了壮族古代先民自然斗争和社会斗争的情况，表现了壮族人民高度的智慧和惊人的毅力。花山崖壁画是壮族人民宝贵的文化遗产，对于深入研究壮族古代社会和历史，具有很高的价值。

匈奴族流传的一首民歌

两千年前，在茫茫的草原上，一群群逃避战乱的匈奴人，扶老携幼，赶着牛羊，艰苦地跋涉着。他们在行进的旅途中，小憩的溪水畔，宿营的篝火旁，一遍又一遍地唱起了：

> 失我祁连山，
>
> 使我六畜不蕃息；
>
> 失我焉支山，
>
> 使我嫁妇无颜色。

歌声是那样的愤懑而又哀怨，慷壮而又苍凉！这是匈奴族流传下来的唯一的一首民歌。就是这支歌，以它强烈的人民性和高度的艺术性，在我国群星灿烂的各民族民歌中，闪耀着奇异的光彩，成为匈奴民族文学中的一件稀有珍品，也是中华民族古代文学作品中的一件稀有珍品。

这支歌产生的历史背景如何？原来，匈奴自冒顿单于在公元前3世纪初确立奴隶制政权后，十分强盛，不断向汉朝发动掠夺战争。这种情形一直延续到惠帝、文帝、景帝、武帝时期。武帝为了彻底消除边患，于公元前121年派霍去病率大军出兵陇西，占领了祁连山和焉支山。从此打通了汉朝同西域的联系，截断了匈奴和西羌的交往，取得了汉朝北边的相对安定，为尔后将匈奴统一到祖国中来奠定了基础。

正是在这场前后达二十多年的战争中，被匈奴奴隶主阶级强驱充作牺牲品的匈奴人民，备受艰辛，尝尽了家散人亡、颠沛流离之苦，激起了他们对这场战争的强烈不满，于是创作了这首民歌表达他们的心声。

为什么这支歌又专唱祁连山和焉支山呢？其中大有原因。

祁连山，在今甘肃河西走廊一带，东西二百余里，南北百余里，有丰美的水草，冬暖而夏凉，这里牧养的牛肥羊壮，乳肥酪浓，一斛酪可得一升多酥油，是匈奴人畜牧业的一个重要基地，也是匈奴人手工业原料的一个重要来源。山上遍长松、柏、"五木"等树，提供大量木材，用来造穹庐（毡帐）支架、弓、马鞍、各种钢铁器具的柄等等，这些都是他们生产、生活和军事上不可或缺的重要原料。"五木"树能治疤疽，疗肿毒，消瘴气。这对医药极其原始的匈奴人来说，也是非常宝贵的。

焉支山又名删丹山（今甘肃山丹县）。山上除各种树木外，还遍长胭脂花。匈奴的姑娘们、妇女们常去采胭脂用来化妆打扮。这对美化匈奴人的生活来说，无疑具有特殊的含义。

这两座水草丰美、林木葱郁、风光旖旎的秀山，不啻是茫茫草原上的两颗明珠；一旦失掉它们之后，怎能不怨愤、不痛惜呢。

这是谁造成的？是战争。这场战争又是谁造成的？是匈奴奴隶主阶级的统治者。正因为这样，所以匈奴人民对他们本民族的统治者及其所挑起的这场战争，持强烈的不满与反对的态度。于是，人民用民歌唱出了对统治者的怨愤与谴责。

当匈奴人民在离乱中尝尽艰辛的时候，他们怎能不怀念当初和平安定的生活？那祁连、焉支美丽的风光，那山中的畜群，牛羊的欢叫，林间的短笛，怒放的山花；还有，那迎着朝霞出牧时高亢的牧歌，顶着夜幕围着堆堆篝火时家人团聚的欢乐……正是这种强烈的控诉和谴责以及对和平生活的留恋和憧憬，表现了这首歌的人民性。

　　而"嫁妇"，使这支歌的感情更加浓烈。胭脂对匈奴妇女来说，是生活中不可缺少的"颜色"。一般的姑娘们、妇女们都要采胭脂作"可爱"的修饰，新嫁娘尤其需要作这样的梳妆打扮，才显得更加可爱。可是由于战乱，使我们的新嫁娘搽不上胭脂，而是素着个脸去见她的新郎，岂不失去了生活中的"颜色"，这多么令人感慨和惋惜啊！

　　巧妙的是，焉支与胭脂同音，又与阏氏同音；不仅同音，在含义上还相联。阏氏，是匈奴人对妻子的称呼。王昭君嫁呼韩邪单于便被封为"宁胡（使匈奴得安宁）阏氏"。焉支山，就是胭脂山、阏氏山。一句焉支山，就不禁引起人们一连串的联想，真是意在言外，言有尽而意无穷。

　　这支歌仅短短两句，包含了如此丰富的内容，精练异常。而且，音调铿锵，宛转流畅，读来上口，想来唱时也当是非常顺口的。尽管它含有伤感、悲凉的情素，但并不低沉，而是慷慨、苍壮的。这正是当时现实生活的反映，不愧是现实主义的杰作。

敦煌莫高窟

我国有一座中外闻名、举世无双的文化艺术宝库，即敦煌莫高窟（俗称千佛洞）。

敦煌莫高窟在现今甘肃省敦煌县城东南 25 千米的三危山与鸣沙山之间的断壁峭崖上。敦煌县故地在汉代称为敦煌郡，与酒泉、张掖、武威同为河西四郡之一。敦煌处在阳关大道的交通要冲，是古代从内地到西域各地的门户，也是当时东、西文化的一个交汇点。

敦煌莫高窟可以说是佛教东传的产物。自 1 世纪左右佛教从印度传入中国后，佛教艺术也随之发展起来。根据唐代碑文记载，敦煌莫高窟创建于前秦建元 2 年（366 年），以后又经历了北魏、西魏、北周、隋、唐、五代、北宋、西夏、元等朝代连续不断的开凿创建，上下1500 余年，无数古代匠师们经过不息的劳动，创造出来这样一座魅力无穷的艺术神殿。

莫高窟的兴盛，与丝绸之路的繁荣紧密相联。自古以来，敦煌这片绿洲就以气候温暖，日照充足，土地肥沃，水草丰美著称。汉、唐时代的敦煌郡，领六县，扼两关（阳关、玉门关），拥有数万人口，是河西走廊上一个极为重要的城市。对于丝绸之路上东来西往的商旅来说，敦煌是他们进行贸易活动的理想场所。当时，在敦煌的集市上，百货杂陈，车马云集，不同肤色、不同装束、不同语言、不同国度的商贾、僧侣、官员、使节、旅客熙来攘往，川流不息。历史学家将敦煌称作"丝绸之路的总枢纽"，是一点儿也不过分的。历代富商显宦们为积德修功，显示自己信仰的虔诚，纷纷出资在敦煌这个"国际都会"

开凿佛龛，终于使三危山、鸣沙山一带的山麓成为别具一格的精美画廊。

只是到元代以后，由于海路交通日益发达，丝绸之路不再是欧亚之间的唯一通道；加上战乱迭起，使敦煌渐渐失去其政治上、经济上的重要作用，莫高窟的开发才告终结。岁月的侵蚀、战争的破坏、流沙的掩埋，使莫高窟坍塌毁损得异常严重，到了清朝末年，幸存的洞窟已不到五百窟。

莫高窟湮没沉寂数百年后，在清末突然又因一项重大发现及由此引起的一连串窃取事件而闻名于世。公元 1899 年 5 月的一天，一个居住在这里的道士王圆箓，在清扫十七窟的沙土时，无意中发现了一个封藏近九百多年的石窟，即著名的藏经洞。藏经洞内共藏有三万多件抄本和刻本经卷、文书、画幅等，其中除汉文的以外，还有佉卢文、康居文、粟特文、梵文、西夏文、古和阗文、回鹘文及藏文等各种文字的经卷。发现这批旷世珍宝的消息不胫而走，将许多国外的文化间谍吸引到这里，俄国的奥布鲁切夫、英籍匈牙利人斯坦因、法国的伯希和、日本的文桔瑞超与吉川小郎、俄国的鄂登堡……接踵而来，将大量珍贵无比的典籍文书盗运出境。美国的华尔纳甚至采取了令人发指的卑劣手段，用胶布揭走了盛唐菩萨像等壁画，将这些盖世奇珍变成为美国波士顿博物馆的藏品。

由于清朝的腐败无能，使外国人肆无忌惮地对我国古代文化珍宝一次次地洗劫，敦煌莫高窟为此蒙受了极其惨痛的损失。直到新中国成立后，莫高窟才获得了新生。如今，在精心保护与整修下焕发了青春的莫高窟，面容一新地屹立在中外参观者面前，展示着自己瑰丽的宝藏。

敦煌莫高窟是建筑、彩塑、壁画三者相结合的统一体。到目前为止，还有保存比较完好的洞窟 480 个。全部洞窟沿着峭壁自南到北长达 2 千米，它们南北贯通上下相接，最多的地方共有 4 层，在蜂窠一样的洞窟内部，包含了一千多年间所创造的壁画和彩塑。如果将石窟全部壁画展开接连起来，可以伸展到 30 千米左右；将 2400 多个彩塑排起队来，长度也可以达到一二千米。此外，五座唐、宋时的木结构窟檐建筑，则是中国现存古代建筑中最宝贵的标本之一。

到了莫高窟，观赏那千姿百态的彩色塑像，与美妙绝伦的壁画，可说是一次极大的艺术享受。

莫高窟壁画的主要内容，是佛教故事画，如《萨埵那太子舍身饲虎图》《须达那太子本生故事图》《得眼林故事图》等，都是只用几个连续画面，用十分传神的笔法，就将艰深难懂的佛教思想，形象地显示出来，颇有感染力。除此之外，壁画内容还表现了各时代各类人物的形象和他们生活的各个方面。如《推磨图》《收割图》《得医图》《狩猎图》等民俗性壁画洋溢着浓郁的生活气息；《张议潮收复河西图》《宋国夫人出行画》等则是以历史事件为主题的创作。在敦煌壁画中最能代表古代艺术家丰富想象力的，是那一个个凌空翱翔的"飞天"。"飞天"是佛教艺术中称为香音之神的能奏乐、善飞舞、满身香馥的菩萨，唐代画家运用轻软绵柔的长飘带，上下转动，使这些美丽的天神忽上忽下，左右回旋，姿态舒展自如，体态优雅潇洒，这种独具匠心的艺术创造，让人不得不叹服。

敦煌彩塑的艺术造诣也达到了令人叹为观止的程度。无论是妙相庄严的佛陀、威猛粗犷的力士，还是清秀恬淡的菩萨、飘逸闲畅的天王，一座座塑像都塑造得十分匀称适度，躯体、肌肤、骨骼、神采，都表现得极为准确。塑像身上的服饰，也都设计得相当合体美观，非但衬托出人体的肌肉与曲线，而且显现出衣料质地的轻柔与高贵。面对各类形神风貌栩栩如生的敦煌彩塑，会感到古代的艺术家们仿佛已赋予这些泥木之躯以生命的活力。

特别值得一提的是，敦煌艺术中凝结着各族人民的血汗与智慧，闪烁着中华民族艺术传统的夺目光辉。敦煌自古就是众多民族纷至沓来、活动频繁的地区。两晋以后，许多少数民族都在这一带建立过统治政权。敦煌石窟就开凿在氐族建立的前秦时期，以后北魏时的鲜卑、唐时的吐蕃、西夏时的党项及元时的蒙古等少数民族都曾据有河西，对敦煌莫高窟艺术发展都有所影响。例如在南北朝时期的莫高窟早期壁画中，有着明显的西域民族色彩与情调。其中铁线描、晕染法等绘画技法，使汉族的传统画法有了进一步的发展与提高。又如在壁画与塑像中都有各民族艺术匠师所创造的不同民族的人物形象，生动逼真地表现了他们的衣冠服饰与体质形态的鲜明特征，生活气息极其浓郁。总之，敦煌莫高窟有相当多的壁画与彩塑在构图、造型、线条、敷彩等方面，具有鲜明的民族特点与艺术风格，引起了中外艺术家的高度重视。

敦煌莫高窟具有重要的历史与艺术价值，历时千载的壁画与彩塑，凝聚着我国古代劳动人民的血汗，闪耀着他们的智慧之光。无论是建筑规模还是艺术水平，敦煌莫高窟都堪称是世界上无与伦比的最大、最壮丽的宝窟，这是中华民族的骄傲与光荣！

千古绝唱敕勒歌

公元546年，东魏王朝的军事统帅高欢（即北齐王朝的神武帝）率军与西魏大战于玉壁（今山西稷山西南），惨败而还，高欢愁愤成疾，但为稳定人心，乃召集将军大臣们聚会饮宴，让敕勒族出身的将军斛律金唱起了这首有名的民歌：

> 敕勒川，阴山下，天似穹庐，笼盖四野。

> 天苍苍，野茫茫，风吹草低见牛羊。

高欢亲自和声而唱，慷怆激越，哀伤感慨，涕泪俱下！

不久，高欢和斛律金这些叱咤风云的英雄人物都谢世了。沧海桑田，极尽变迁！然而，这首歌却以它强大的思想艺术力量流传下来，蜚声四播，撼动着人心，载誉于诗坛，在中国文学史上占了一席光辉的地位。尤其难得的是，它是以少数民族诗歌的身份而居于中华民族灿烂诗林的。

这首歌是怎样诞生的？

敕勒歌，原是敕勒族的民歌。敕勒族是我国古代北方民族中的一个强大的民族，在秦汉时称丁零，魏晋南北朝时称敕勒，又称高车。主要居住在今蒙古草原、阴山，在内蒙古中部，西起狼山，中经大青山至南部的凉城山、东部的大马群山，长约1200公里的山系。敕勒川即指敕勒族活动的阴山下面的平川。敕勒族人民在这里从事畜牧业生产，养殖牛、羊、马、驼，逐水草游牧，衣皮食肉，喝奶饮酪，住穹庐（用毡子做成的圆顶帐幕，发展到后来，就成了蒙古包）。蒙古草原非常辽阔，一望千里，天地相接，广袤无垠，而且水草丰美，从古以来就是发展畜牧业的良好基地，殷商的北狄，秦汉的匈奴、丁零、鲜卑，魏晋南北朝的敕勒，这些游牧民族都是在这里住穹庐，逐水草，经营和发展了畜牧业生产的。只有在这浩瀚的原野上，天没有际，地没有边，天才像穹庐的圆顶似的笼盖在大地之上。

敕勒族是个能歌善舞的民族。《北史·高车传》记载，他们好放声高歌；不论男女老少，节日集会时都唱歌跳舞作为游乐，在整个民族的生活中，到处能听到歌声。

敕勒歌产生的具体时间和确切朝代没有记载，无人能考证确定，文学史一般都把它泛泛地算在北朝民歌当中，即北魏王朝中期。

敕勒歌的语言，根据《乐府广题》的记载："其歌本鲜卑语，易为齐言"，是由鲜卑语译成汉语的。这就说明，敕勒歌曾经在鲜卑族人民当中流传过。鲜卑是在东汉以后由今东北地区迁居匈奴原来居住的蒙古草原的，后来的北魏王朝就是以鲜卑的一部拓跋鲜卑为主所建，他们同敕勒一样，以游牧为主，养殖牲畜，衣皮食肉，住穹庐。在相同的自然环境与相似的经济条件下，鲜卑人自然很快喜欢上了敕勒歌。

在距今1000多年以前的游牧社会，文化是相当落后的。要翻译一首歌，并不像现代这样简单，是要费一番功夫的。要翻好一首歌则更不容易。就是在那种历史条件下，这首歌被辗转译唱，且译得极好，这就说明，它受到了敕勒、鲜卑和汉族等各族人民的喜爱。并且由民间到宫廷，由百姓到将军，到处受到欢迎、歌唱，而且还起到既能安定人心，又能引起那些驰骋疆场、身经百战的男儿们感动流涕的奇妙作用！

　　敕勒歌为什么会有如此大的力量博得人们的喜爱？就在于它具有丰富而又典型的内容，凝练而又通俗的歌词，苍壮而又粗犷的情调，且气魄豪放，语调铿锵。这些巨大的优点融合为一，就产生了激动人心的艺术魅力。草原上和平环境中的丰收之年的典型景象，就在于水草丰茂，牛羊肥壮。歌词正是抓住了这个典型事物，加上天、地、穹庐这些景物的陪衬，便画出了一幅美丽的草原风情画，使人犹如身临其境地看到，当微风拂过，绿浪翻滚的草丛中，那肥壮的牛羊正在甜美地吃草哩！而它那"苍苍"、"茫茫"、无涯无际的"四野"，则写出了草原的苍莽、广阔，气势豪宕，情调壮美。正因为这首歌具有了这些优点，它既可以在和平环境中让人借以歌唱生活的美好，又可以在遍地烽火的战争环境中，令人借以勾起对往日生活的怀念而感动得涕泪纵横！

　　的确，敕勒歌被誉为中国古代民族诗歌中的一件瑰宝，是当之无愧的。

胡琴胡乐入中原

我国的音乐文化源远流长。3000多年前的殷商奴隶社会时期，音乐已比较发达。湖北随县出土的大型青铜编钟、石编磬、鼓、瑟、笙等乐器，表明我国在春秋战国时期音乐文化就已发展到相当高的水平。秦汉以后，我国各民族间交往频繁。从丝绸之路带来的西域歌舞乐，汉族与边疆少数民族和亲的文化交流，唐代开始盛行的胡乐胡舞，元代以后歌舞音乐的成熟、戏曲艺术的发展，边疆少数民族的音乐大量传入中原，汉族文化也给少数民族以很大的影响。

古代称西部和北部一些少数民族为胡。西北地区地域辽阔，自然条件复杂多样，居民坚韧质朴，由于悠久的历史文化传统，加之地理环境的开放性，造成独特的西北地区音乐风格。西北边疆音乐文化十分丰富，对中原地区影响巨大，汉至唐宋时代，可以说是中国音乐的主体。

很多使用广泛的乐器是从少数民族地区传入中原的。《文献通考》的乐考部分将乐器分为雅部和胡部，将少数民族传入的乐器称为胡部。人们熟知的胡琴，就是唐宋时期从西北各族传入中原的。那时将琵琶、忽雷等弹弦乐器统称为胡琴。胡琴始于唐代出现的奚琴。到了北宋，由北方游牧民族创造并广泛使用马尾拉弦。元代，胡琴在原有基础上吸收了蒙古族弹弦乐器的特点而进一步发展。清代以后的胡琴有二胡、京胡、板胡、四胡等多种。

琵琶，古代曾写作"枇杷"，后来从"琴"字头写作"琵琶"。琵琶本是"马上之乐"，轻捷便携，从少数民族地区传入内地。秦时已有长柄皮面的圆形音箱的琵琶。汉魏以来西域乐人经丝绸之路从龟兹（今库车）、于阗、疏勒等奔集中原献艺，带来了曲项琵琶。唐代是琵琶演奏的黄金时代，宫楼、民船，处处可闻琵琶声。白居易等许多诗人在作品中描绘过琵琶演奏。琵琶音乐表现力极为丰富，曲有文、武之分，手法、技巧多样，大弦嘈嘈，小弦切切，或拨或弹，可独奏、伴奏、合奏，表现力强，流传十分广泛。

西部和西北少数民族的乐器传入中原甚多。羌笛是羌族人民喜爱的乐器，音色纤细柔和，与春风杨柳齐名。羯鼓，古代北方少数民族的打击乐器，唐代谓之"八音领袖"。腰鼓，从新疆疏勒传入，流行于全国各地。箜篌，音色柔美，极富人情味，汉代流入中原。汉代起源于西域龟兹的簧管乐器觱篥，成为唐宋教坊音乐的重要乐器。从边疆少数民族地区传入中原的乐器不下数十种，成了中华民族文化宝库的一个组成部分，且发挥了重要的作用。

包括乐器在内的北方西部边疆少数民族音乐文化，对中原文化产生过重大影响。北周时代，精于乐理、兼擅演奏的少数民族音乐家苏祗婆来到中原，是中国音乐史上划时代的事件。这位伟大的音乐家，长期留居内地，传播西域乐理，给中国固有古乐的律学问题带来了强劲的改革之风。

龟兹乐与其乐器一起流传中原，其影响是跨时代的。龟兹乐是产生于新疆库车地方的古代音乐。由于龟兹处于丝路中道的要冲，是文化交流通道，早在公元五六世纪即为西域音乐文化的中心。维吾尔木卡姆源于龟兹乐，唐代著名的《霓裳羽衣》的音乐也与之有关。龟兹乐从东晋开始传到河西走廊、河湟之地，北周时大得统治者喜欢。到隋朝，朝野趋之，雅俗共爱。又南下入川，再向南入滇。唐之燕乐，因龟兹乐律催生。龟兹乐这种包含许多文化内涵的乐种，风格多样，形式繁复，在全中国乃至整个东亚风行。

从汉代到唐代，有过多次和亲。和亲促进了中原与边疆各民族的经济文化交流，也催化了音乐文化的交融。迎送道上，鼓锣丝竹齐鸣，琵琶羌笛交响，歌舞百戏杂陈，胡服汉装并列，是何等壮观的文化交流场面。琵琶本是胡地传入，汉家公主远嫁边疆，总是与琵琶相伴。琵琶入中原既久，又融入汉族文化的艺术情趣。文成公主入蕃，将龟兹乐、琵琶、羯鼓以及汉族诸音乐文化带入西藏，不仅向少数民族地区输入了汉族文化，又促进了各民族间的音乐文化交流。

中国的三大英雄史诗

在我国少数民族文学宝库中，有三颗灿烂夺目的明珠，这便是被世界文坛公认的三大英雄史诗《格萨尔王传》《江格尔》和《玛纳斯》，分别是藏族、蒙古族和柯尔克孜族的杰作。

《格萨尔王传》不仅是藏族民间文学之冠，而且也是世界上最长的史诗。《格萨尔王传》大约产生于11世纪到13世纪，最初主要以民间艺人的口头说唱形式在群众中流传。在不断的流传过程中，民间艺人陆续创作积累，目前搜集到的已经有60多部，150万诗行，共有一千多万字。全书篇幅浩瀚，内容丰富，诗文并茂，结构宏伟而又严谨，情节紧凑而又变幻莫测，语言精彩而富有特色，人物众多而具有个性。整部史诗集中塑造了以岭尕地方的格萨尔王为首的英雄人物，描写他如何从天国降生到人间，统领人民征服各种妖魔鬼怪，抗敌除奸，保家卫国，为人民谋取自由幸福的故事。史诗中的主人公格萨尔王不但是一位机智勇敢的英雄人物，而且是神通广大、能够变化身形、类似《西游记》中孙悟空一样的神话人物。格萨尔王这一英雄人物的形象，反映了人民大众在现实生活中的迫切向往，并表达了广大藏族人民当时反对侵略、热爱家乡、盼望和平统一、过上安宁幸福生活的美好心愿。全书还反映了藏族人民的宗教信仰、生产关系、婚姻习俗、生活方式和风俗习惯等各方面的情貌，是研究藏族古代社会的百科全书。藏语《格萨尔王传》不但流传在国内的藏族、土族、蒙古族和纳西族地区，而且还流传到国外，已有英、法、德、俄、西班牙、日本、拉丁等多种文字的译本。专门研究《格萨尔王传》的外国学者把《格萨尔王传》誉为亚洲的《伊里亚特》，并列入了世界文学宝库。

《江格尔》是蒙古族最优秀的长篇英雄史诗，也是世界著名的英雄史诗之一。无数年代以来它一直是蒙古族人民口耳相传的生活"经典"。《江格尔》产生于蒙古卫拉特部落，通过民间艺人演唱流传到蒙古族各居住地区。这部史诗从产生、流传到定型，大约经历了四百多年的时间，1804年第一次用文字记录下来。从史诗反映的社会内容判断，大约产生在原始社会末期、奴隶社会初期阶段。全书通过描写阿鲁宝木巴地方以江格尔为首的十二名雄狮式的英雄以及六千名勇士同侵掠其家乡的敌人进行顽强斗争、取得胜利的故事，反映了古代蒙古族人民史前社会的生活面貌，塑造了江格尔、洪古尔等英雄形象。每章叙述一个完整的故事，可单独成篇，便于在游牧地区演唱。全诗又以江格尔为核心联系成一个整体。通篇贯穿着勇士们的爱国主义精神和顽强的斗争意志。此外，史诗不但真实地描绘了奴隶制社会生活风俗的画面，而且表现了人民群众的美好愿望和理想。史诗中的"阿鲁宝木巴"就是古代蒙古族人民心目中的理想之园。"阿鲁"是北方的意思，"宝木巴"相当于汉语中的圣地或乐园。"阿鲁宝木巴"国在蒙古族历史上没有记载，是史诗虚构的幻想产物。《江格尔》现有德、日、俄、托忒、乌克兰、格鲁吉亚、鞑靼、藏等各种文本行世。1958年内蒙古人民出版社印行的蒙古文十三章本是目前最完整的铅印本。

《玛纳斯》是一部规模宏伟、色彩瑰丽的英雄史诗。千百年来，它广泛流传在柯尔克孜族牧民中。关于《玛纳斯》的产生年代迄今尚无定论，有人说产生于 9 世纪前后；有人说产生于 10 至 13 世纪；也有人说产生于 16 至 18 世纪。我国不少学者根据史诗反映的历史内容，普遍认为产生于 10 世纪前后。实际上，这部长诗并非某一特定历史时期的产物，而是柯尔克孜族从古代到近代整个民族形成、发展的历史和生活的概括，是经过几个世纪的流传演变以及不断加工、创新、充实的集体创作的结晶。

《玛纳斯》是一部传记性的史诗。它通过玛纳斯家族几代人的活动和业绩，描述了古代柯尔克孜族团结抗击异族劫掠和争取自由的斗争。整部史诗内容包括了柯尔克孜族经叶尼塞——鄂尔浑流域迁徙游牧到阿尔泰——天山一带好几个世纪的漫长岁月。目前出版的《玛纳斯》最长演唱本为 8 部 20 多万行。《玛纳斯》不仅是柯尔克孜族文学的奠基石，也是该民族从古代到近代关于政治、经济、历史、哲学、法律、道德、宗教、艺术、风土人情等方面的百科全书。《玛纳斯》除有国内出版的柯尔克孜文和汉文外，国外还有俄、德、法、土耳其、日以及苏联的乌孜别克、塔吉克、哈萨克等文字的版本。

维吾尔族音乐《木卡姆》

传统的大型套曲《木卡姆》是维吾尔族音乐史上占有重要地位的一部乐曲。它是有序歌、叙诵歌调、叙事组曲、舞蹈组歌和间奏乐曲等多种体裁的大型套曲集。据记载，在 16 世纪末期，叶尔羌第二代君主阿不都热西提的王后阿曼尼莎邀来新疆各地熟悉《木卡姆》的艺人，在乐师和《木卡姆》的演唱家喀迪尔汗的主持下，对《木卡姆》进行了一次加工整理，成为一套体裁多样、曲调丰富、节奏复杂，概括了维吾尔族人民创造民族艺术形式的音乐史诗。

《木卡姆》在不同流传地区，形成不同的特点，塔里木盆地的库尔勒、若羌、巴楚、麦盖提等地古代称为"刀郎"。这里流行的《木卡姆》称"刀郎木卡姆"。其内容主要描写古代"刀郎"人出猎的情景：人们在号角声中结队相伴，在围猎中与猛兽搏斗，靠机智勇敢取得胜利。曲调刻画了质朴、豪放的猎人。刀郎木卡姆有八九套，每套都有不同的名称，一般都用具有地方特色的名称作为标题。在喀什、莎车和田的南疆流行的《木卡姆》，曲调委婉柔和；在伊犁一带的北疆流行的《木卡姆》，曲调深沉、稳健，共有 100 多首歌曲；在哈密、伊吾、吐鲁番的东疆流行的《木卡姆》曲调开朗活泼，有 240 多首歌曲。虽然都以古老的曲调为基础，在不同地理历史条件下，曲调基本相同，但声乐、器乐表现曲体结构各不相同。它们各有十二套在民间流传，没有乐谱和文字记载。民间演唱只是选择其中部分或片段，在不同的场合演唱。一般"散序"作为开始，唱的是散板，不受节奏的约束，乐句有长有短，变化复杂，演唱者可以发挥自己的声乐技巧和音乐灵感，以抒发自己独特的演唱风格。"散序"之后，接着表演，在器乐的演奏声中边歌边舞。

《木卡姆》经过不断的加工和创作，越来越丰富和完美。它由"大拉克曼"、"达斯坦"、"麦西热普"三部分组成。三部分音乐各自独立，每一部分中的音乐相互连贯，每段曲调又可以独立自成一曲。《木卡姆》的第一部分"大拉克曼"在贵族上层中流行，具有颂扬风格，曲调悠长缠绵、复杂，音乐开始深沉，逐渐转变为明朗。第二部分"达斯坦"在广大民间流行，叙事诗歌，叙唱的音乐多有 3—5 首节拍不同的叙事歌曲构成，歌曲与歌曲之间，有间奏乐曲加以连贯，从平稳发展到激昂。第三部分"麦西热普"，有人称为流浪者的曲调，是刚健有力的刹马舞蹈歌曲。《木卡姆》在声乐方面有独唱、齐唱、有说有唱、连说对唱。在器乐方面有独奏、合奏、齐奏。乐曲的舞蹈表现变化很多。乐器种类也很多，吹奏乐器有苏呐依；喀呐依，即长喇叭；乃依，即用旱苇秆做成的木笛。打击乐器有手鼓，伴唱者用手指敲击鼓，形成节奏。拉弦的乐器有萨它尔、艾捷克、哈密艾捷克。弹拨如沙塔尔，以十三根弹拨金属弦中的一根为主奏弦，起调弦的作用；用木制的梯形琴箱左直右曲的卡龙，用 15 至 18 对钢丝弦，以有弹性的木片或竹片弹拨。还有弹布尔，这是具有民族风格、声音响亮而优美的乐器，常作独奏和伴奏。另外还有独他尔、热瓦甫等乐器数十种。

维吾尔族有代表性的音乐作品世代相传，不少擅长演唱《木卡姆》的民间艺人为保存创作、传授这部民族音乐巨著付出了心血和劳力。特别是现代维吾尔族民间音乐家吐尔地阿洪（1881－1956年），演唱录音，记谱整理了天山以南的《木卡姆》十二套170多首歌曲和舞曲、72首器乐回奏曲，演奏时间长达24小时之久。这部民间音乐瑰宝已经整理和录谱，《十二木卡姆》由北京音乐出版社和民族出版社，1960年联合出版。使这部祖国音乐宝库中的明珠得以永远传世。

朝鲜族的长鼓舞与荡秋千

朝鲜族是能歌善舞的民族，其舞蹈形式多种多样，动作柔软，伸展优美，感情朴实、细腻，内在含蓄，动中有静，静中有动。

长鼓舞最有特色，最早的长鼓舞是从"农乐舞"发展起来的。"农乐舞"是一种民间舞蹈，主要流行于吉林、辽宁的朝鲜族地区，在农闲或秋后举行。参加的人多少不限，在锣和长鼓的伴奏下翩翩起舞。男子头戴"象帽"，帽子上系一条较长的"象尾"（纸条），手持小鼓边敲边舞，舞至高潮的时候颤动身体，甩动头部，使"象尾"绕头和身体旋转，击鼓声由慢到快，充分表现了丰收的喜悦。从"农乐舞"中以鼓为节奏分化出长鼓舞，此舞主要是由女子来表演。舞者把长鼓悬在身前，右手执细竹鞭击鼓，左手拍击鼓面，边击边舞，姿态优美，动作柔和，富有韵律上的延续感。

长鼓是朝鲜族的古老乐器，亦称"杖鼓"，是一种打击乐器，鼓身呈圆筒形，木制，鼓腰细实，两端粗空，长约70厘米，用绳绷皮做鼓面，演奏时置于木架上，起伴奏作用。节假日人们聚集在一起，尽情歌舞，一人领唱，长鼓伴奏，人们踏着节奏起舞。另一种将鼓挂在舞蹈者的胸前，用手交错击打，敲出节奏，变化多端，舞姿婀娜柔美，鼓声清晰悦耳，这种民间舞蹈，成了具有民族特色，很受群众喜爱的一种舞蹈。

朝鲜族女子集体跳的刀舞，多在打击乐器长鼓和小钹、唢呐等伴奏下表演。据说一位少年，为反抗奴役和压迫，伪装成义士进入皇宫，想以舞刀取悦于国王，伺机杀他，不料事情败露，这位少年惨遭杀害。他的母亲得知后十分悲痛，不吃不喝，日趋悴弱，相邻的妇女为了纪念这位勇敢的少年，安慰他的母亲，持短刀起舞。以后，便发展成为民间舞蹈。舞蹈的表演者手持短刀，舞时使小刀在灵活的刀柄上自由旋转，刀子刷刷作响，铿锵有力，舞姿威武雄壮，刚劲有力。此舞主要在辽宁省朝鲜族中流行。朝鲜族有丰富多彩的歌舞，不仅青年男女爱好，就是白发苍苍的老人也尽情歌舞，朝鲜族还有"扇子舞"、"顶水舞"等。

　　朝鲜族的娱乐活动有浓郁的民族特点，他们把文娱活动与体育活动结合在一起，荡秋千是少女尤其喜爱的活动之一。朝鲜族少女穿着小巧伶俐的短衣，下着水粉长裙，襟垂飘带，每逢节日或喜庆时，便聚在一起荡秋千，长裙在空中飞舞，像白鹤一样，时而展翅飞腾，时而掠向地面，无限的欢乐，使人忘记了疲劳。荡秋千不仅是一项文娱活动，也是一项比赛项目。优胜者评定的方法一种是以秋千架前方高树上的树叶或花朵为目标，用脚碰着树叶或花朵者为胜；一种是在踏板底下拴一根绳来测量秋千荡起的高度，高者为胜；再一种是在秋千架前方竖立两根杆子，杆子上横拉一根系有铃的绳子，荡秋千者以碰铃次数多少来定胜负。

　　朝鲜族还有压跳板活动，也是朝鲜族妇女传统的活动之一。古称"板舞戏"，俗称"跳跳板"。一般在元宵、端午、中秋节活动最多。

"跳板"类似跷跷板，是用木架支住一块长木板的中心，两人对立两端，轮流用脚踏板，尤其是身着彩裙的妇女，踏上跳板，在空中表演各种动作，徐徐拂动的飘带和彩裙，伴随着有节奏的踏跳，显得十分优美。妇女们在跳板的比赛中以跳的高度来决定胜负，测定高度的方法是在跳板两端各置一线团，系于比赛者的脚踝，以比赛者在规定时间内，弹跳所抽出线的长度决定其高度。另有比赛技巧的，表演者能在跳板上跳出各种花样，如劈腿、大转身、跳花环、弓身、摘苹果以及各种舞蹈动作等，都以高难动作获胜。她们的优美动作往往得到观众的笑声和赞美声。跳板这项活动主要流行于吉林、黑龙江、辽宁等朝鲜族聚居的地区。

除女子文娱活动外，还有男子"摔跤"这项娱乐活动。他们以此来比技巧，比力气，这是一项古老的传统活动。比赛时，双方穿上特制的摔跤服，右腿扎一白带，各自将一手套进对方的带里，一手抓住对方的腰带，裁判一声令下，双方同时立起，比高低，助兴的人也跟着用劲，看谁为强悍者，经过多局较量，决出获胜者。

壮乡歌圩

阳春三月，红水河及左右江之滨一树树木棉花开得火红热烈，大朵大朵的红花缀满枝头，如红霞万朵染红了天空，映红了壮乡大地。三月三，歌如潮。成千上万的人群汇集歌圩，山道上人流、车队络绎不绝，山坡河滨人山人海，歌声喝彩声一浪高过一浪，热闹非凡。这就是壮乡歌圩的热烈火爆盛景。

歌圩，壮语称"窝坡"，就是歌场，是酷爱唱歌的壮族人民比歌赛智的传统节日。一般在农历三月初三举行。有些地方在正月初一、八月十五等节日也举行歌圩集会。一个较大的歌圩，往往吸引周围几十里地的数万人前来参加，连唱三天三夜，盛况空前。

壮乡无处不歌，无时不歌，无人不歌。欢度节日，春播秋收及各种劳动，贺新婚、祝寿、建新房、赶街相逢等，都要来一番山歌对唱。壮乡人人酷爱唱歌，交朋结友，择偶婚配，喜庆祝福，凡事以歌代言，以歌来表达思想感情。歌手们往往随编随唱，出口成章，表现出非凡的聪明智慧和艺术才华。歌逢对手，对答如流，兴浓情酣，彻夜不绝。

但最热烈的还是歌节，到那一天，歌台搭好了，那是一个广阔的大舞台，包容四海，面对的是满山满坡如痴如醉的人潮。歌棚搭好了，五彩长幅布条垂挂，那是相对幽静的后台，或幽会朋友，轻吟山歌探底；或成队相聚，商讨对策，充分准备以跃上歌台比个高低。歌棚内外，桥头树下，在进行着赛歌前奏有趣的碰蛋游戏。男女青年手持煮熟的彩蛋，男女持蛋相碰，如单方碰破，就是无缘对歌，另找缘分；如双方碰破或双方都不破，则象征命运相连，遂结交对歌。

歌的种类多样，内容丰富。一般自由对唱，开始时，男女双方先唱见面歌，说些客套话，接着唱请歌，询问对方的姓名、特长、爱好等，再唱盘歌，最后唱离别歌、送歌。青年男女初次见面，唱出歌来试探："一对鲤鱼游并排，摇头摆尾上滩来。哥怕不是吃鱼命，手拿丝网撒不开。"姑娘们巧妙地回答："鲤鱼红嘴又红腮，连游带跳上滩来。有心吃鱼滩上等，无心就把网拿开。"歌就接着对下去，互相盘歌，出种种问题，有天文地理、历史知识、农事问答、数学运算、动植物及生活用品种种知识性盘问，问得巧妙，答得机敏。遇到难题，各自村寨的人从背后帮着出主意。回答得好，就受到众人的喝彩。如男女双方有意，就唱追求歌、情歌，在歌会上播种爱情。

歌圩起源于劳作。人们在劳动中或劳作之余唱歌娱乐，乐而忘疲。相传唐代壮乡出了个歌仙，名叫刘三姐。她聪明过人，歌喉圆润，经常用山歌歌唱劳动和爱情，揭露封建财主欺压剥削人民的罪恶。唐宋以后，歌圩有了很大发展，在壮乡流行开来。

青年男女经过对歌，建立了一定的感情，相约下次歌圩再会。第二年重逢，以歌唱相思。歌圩上还有抛绣球的游戏。壮族姑娘们用彩绸或花布做成五彩绣球，球的下端缀一束五彩穗子，上端系一条彩带。男女青年各站一边，女青年手执彩带，一个个五彩绣球抛向男青年队中。青春年少的姑娘精心缝制绣球，把友谊和爱情缝绣在彩球里，往往把这爱情的信物抛给自己的意中人。彩调《刘三姐》有一首歌唱得好："五彩绣球鲜又鲜，千针万线妹手连。哥接绣球胸前挂，条条线把妹心牵。"壮家山乡，多少对有情人的心被山歌和绣球紧紧地连在一起。

随着时代的前进，歌圩的形式和内容也不断发展变化。歌圩从过去的谈爱择偶发展成为传统的民族文化活动。歌的内容更加丰富广泛。抛绣球也不仅仅是传递爱情。各地游客去壮乡旅游，壮族青年男女对歌飨客，或邀请外乡客人对几支歌。一排壮家姑娘手持五彩绣球纷纷向观众席上抛来。在拥挤的人群中，你有幸接住一个，壮家的热情以及幸福和吉祥将永远陪伴着你。

锅庄与热巴

藏族是一个具有优秀文化传统并善于歌舞的民族。在藏族地区，每逢节假日，不论走到农村还是牧区，都可以见到青年男女、老人小孩扬臂舞袖，踢踏歌舞。藏族歌舞种类繁多，其中著名的群众性民间舞蹈锅庄和热巴影响广泛。

锅庄，藏语"果卓"的音译，是流行于西藏、四川、云南藏族地区的一种古老的集体舞蹈，以云南中甸的锅庄最有特色。邻近的纳西族、普米族也有类似舞蹈。锅庄起源于狩猎时代，本意是围圆圈而舞。跳锅庄人数不限，不要伴奏，可以围着火塘，在院子里、草场上、广场里拉起圆圈而舞。

跳锅庄一般分男女两队，大家手拉手，跟着领舞的人，围成圆圈，且歌且舞。或一人领唱众人合；或两队一问一答，互相呼应。舞蹈有弓腰、踢腿、扬臂、转身等多种动作。藏区俗话说：牦牛身上有多少毛，锅庄就有多少舞姿。山上有多少树，锅庄就有多少歌词。跳锅庄重在参与，有广泛的群众性。参加聚会者都必须进入舞圈，即使从未跳过，也得加入锅庄行列，跳错了不要紧，但如果旁观而不跳则往往被人取笑。不会唱可以只跳不唱，开了口别说唱错就是唱重复了，就等于宣布一方的失败。传统锅庄以三为单位，每三句为一组，必得一组一组地唱，唱天必唱太阳、月亮、星星三句，唱地方必唱拉萨、北京、家乡三句。通常以六物作比，每比三句，共十八句，称为"十八列"。双方歌词不重复，不停地对抗竞赛，往往从日出跳到日落，从天黑唱到天明。

锅庄有祭祀、婚礼、庆贺、迎客、比赛等多种，其中以比赛锅庄最常见最精彩。逢年过节，或劳动之余，人们都要跳锅庄。或在牧场上，或会聚林卡里，或在夜色浓郁中围着篝火，男一方女一方围成圆圈，男一段女一段互相对唱。七月的望果节，丰收在望，为了祈祷丰收和好运，跳锅庄更为盛行。男女青年一个个身穿节日盛装，成群结队，到别的村寨去赛锅庄。

跳锅庄通常分开头、中间、结尾三个部分。开头为序曲，互致欢迎，道祝贺，合好歌声，调齐脚步。主要部分在中间的"问答锅庄"，内容丰富，有歌唱劳动、赞美家乡、抒发爱情的，有传说英雄故事、传唱劳动技能的，从古到今，天文地理，海阔天空，无所不包。人们边唱边舞，互问互答，向纵深发展。开始时歌唱音调低沉，舞步速度较慢，随着情绪上扬，速度随之加快，音调越来越高亢激烈。特别是青年人，跳得明快利落、活泼清新，舞姿优美，歌声激越。夜越深，情越浓，且歌且舞，通宵达旦。该是告别的时候了，越跳兴致越高，柔情缱绻。"分别只是暂时的，等到格桑花吐艳竞放，我们又欢聚在舞场。"悠扬的曲调、洒脱飘逸的气质、粗犷豪放的激情永远涌动在血管里，激荡在草原上。

热巴是一种以铃鼓舞为主，包括弦子、踢踏等说唱、舞蹈、戏剧和杂耍等的民间综合表演艺术形式。相传为11世纪流浪僧人米拉热巴所创，故名。盛行于西藏、四川、云南的藏族中。先以慢步绕场的铃鼓舞开始，一男领舞先说一段快板词，再以铃声指挥群舞变换动作和队形。男群舞者手执铜铃，抖肩起步，舞姿潇洒豪迈。女群舞者左手执手鼓，右手执槌，绕圈起舞。舞蹈由慢而快，动作十分强烈。当舞到高潮时，女击鼓翻转，甩鼓平转；男子单腿跨转，躺身蹦子，蹲转，空中蹦子，腾跃飞旋。表演时情绪奔放，动作粗犷，纵跳，呼喊，使人眼花缭乱，觉得歌舞者好像都长上了翅膀，与天地一起飞翔旋转。表演热巴的民间职业性艺术表演团体，一般以一个家庭为主，两三个家庭或一个村落的艺人组成。解放以前按季节到藏区各地流浪卖艺，解放以后，文艺工作者将以铃鼓舞为主的热巴表演艺术搬上舞台，使这种综合性的歌舞艺术在继承传统的基础上有了新的发展。

芦笙歌舞芦笙节

南方许多民族如苗、侗、水、彝、瑶等都喜爱吹芦笙。尤其是苗族地区流行最广，芦笙的形式最多，芦笙曲、芦笙歌、芦笙舞多姿多彩，还有传统的音乐艺术节——芦笙节。

芦笙有一个木制的音斗，音斗内一般插有两排六根长短不一的竹管，竹管内装置青铜簧片，外侧开小孔，吹奏时以指按放小孔，音色优雅。小芦笙20多厘米长，大的管长六七米。每逢盛会，系着彩绸的各式大小芦笙林立，成千上万人伴着芦笙载歌载舞。笙歌袅袅，笙曲悠悠，笙舞踏踏，热闹非凡，蔚为壮观。

南方少数民族使用芦笙已有两千多年的历史了。芦笙的使用，有着古老的文化历史渊源，有其源远流长的民俗意义。在远古时代，芦笙可能作为一种号角，起调动队伍的作用。后来，在丧葬悼念活动中吹奏，曲调哀怨悲壮，祭奠死者，慰藉生者。再后来，广泛用于婚丧嫁娶、建造新房、佳节喜庆、"踩月"求爱等风情礼仪活动中。历史上，由于民族歧视和民族压迫，芦笙演奏蕴含幽怨情调，倾诉人间的不平，在压抑中充满反抗，阴郁沉静。另一方面，芦笙旋律优美，追求自由和美好，动作狂欢，烘托喜庆气氛，表达欢乐之情，激发人向上。

芦笙演奏形式多样，有芦笙独奏、对芦笙、三滴水、四滴水、芒筒芦笙等。用于伴舞的芦笙舞曲，结构简洁，节奏鲜明活跃又富于律动，舞蹈性较强，有三步曲、五步曲、转步曲、翻步曲、平步曲、顺步曲、踩步曲等。有些地方用芦笙吹奏歌谣、神话及曲调，伴奏情歌，有的用芦笙开玩笑。民间用以达意者，谓之"芦笙会说话"，叫"芦笙吹歌"，有河虫曲、鱼鳞曲、讨花带曲、邀约曲、爱慕曲、叙事曲等。

贵州、云南、广西、湖南等省区民间广泛流行民间芦笙舞。水族芦笙舞，众男子吹芦笙相和而舞，女子队舞花帕而随。瑶族芦笙舞与长鼓、锣、钹合奏。拉祜族芦笙舞据传有七十二套动作。纳西族芦笙舞动作幅度较大，吹笙者边吹边舞，众人手挽手随之而舞。以苗族和侗族的芦笙舞形式多样，造型性强，技巧难度较高。侗族芦笙舞亦称"踩堂"、"踩笙堂"。各寨组成芦笙队，举行盛大比赛，每队几十至上百把芦笙，绕圆或交叉吹奏十二支芦笙曲，吹跳欢舞，场面壮观。还有表演性芦笙舞，有组舞、集体舞和独舞、双人舞等。

苗族芦笙舞种类繁多，乐舞合一，舞姿多重于下肢变化。群众性的芦笙舞又叫"踩芦笙"。二至五名男子吹芦笙领舞，男子舞队成圆圈边吹边舞，女子舞队手拉手踏乐而舞。吹奏和舞蹈动作有多种变化，乐浓舞酣，气氛热烈。黔西一带在舞队圆圈中央置一大鼓，围鼓起舞，节奏更鲜明，鼓舞人心。集会或节日里的竞赛性芦笙舞，由少数技巧高的男子集体或个人竞技表演。较为规范常见的有蛤蟆晒肚、翻刀、滚坡、抽天柱等数十种，高难动作有大蹲矮子步、屈身仰卧、翻身倒立等。音乐艺术兼带体育和杂技性，吹奏巧，功夫深，赢得阵阵喝彩。

凡节日就有芦笙，黔东南还有专门的芦笙节，每年正月或九月举行，又叫芦笙会。几万人围着芦笙场、汇集山上山下观看。简单的仪式过后，几百上千的男女芦笙舞队陆续入场，娱乐，表演，比赛。吹笙小伙子队动作狂欢，蹭步，跳步，一蹲一跃，左右旋转，芦笙乐曲旋律优美。姑娘们盛装艳丽，满身银饰丁零细脆，随着笙曲翩翩起舞，击掌转身，舞姿轻盈，褶裙轻飘，秋波频送。

　　"隔山听到芦笙响，牵动花裙牵动心。"芦笙歌舞会是男女青年传递爱情的好场所。年轻的芦笙手看上了哪一位姑娘，便从舞队退出来，以芦笙对着那姑娘，眉目含情地吹，潇洒而又倾心地舞，音乐柔和甜润，既勇敢又略带几分羞怯。姑娘脉脉含情的目光，时不时妩媚地向小伙子投去深情的一瞥，舞步与小伙子并行，深情地从腰间取出精心制作的花带，系在意中人的芦笙管上……

西北少数民族民歌"花儿"

"花儿"是青海、甘肃、宁夏等省、自治区群众喜闻乐见并独具特色的口头文学及民歌。在当地的土、回、东乡、撒拉、保安、藏等族人民中颇为流行。"花儿"又称"少年",因对歌时男方称女方为"花儿",女方称男方为"少年",故名。"花儿"的音乐曲调,高亢嘹亮,婉转舒展,是这些民族的广大劳动人民在长期的共同劳动和共同生活中培养出来的一朵绚丽多彩的艺术之花。

"花儿"会的由来,各地区、各民族都有不同的说法。据青海乐都的藏族传说,在清朝初年,乐都瞿昙寺的香火旺盛。一年土匪队伍来到瞿昙寺,要抢劫寺内的珍宝及财物,并想占寺为窝。当地藏族群众为保护寺院,与匪徒战斗了三天三夜。因土匪势力强大,大家只好退入寺内,紧闭寺门。此后,土匪围困数日,寺内水断粮绝。此时,一位德高望重的老僧,让大家一齐唱"花儿",大家情绪激昂地唱了两天两夜,当唱至第三天时,寺院周围数十里村寨的人们都以"花儿"来应和,霎时间瞿昙寺周围变成了"花儿"的歌海。土匪听后,心惊胆战,以为援军已到,遂纷纷逃离瞿昙寺。人们兴高采烈,欢聚一堂,高唱"花儿"以示庆贺。此后,年年兴会,世代相传,即形成了瞿昙寺的"花儿"会。

各地"花儿"会的时间不尽一致,有的在每年农历正月十五,也有的在二月二、三月三、五月端阳、六月初六、八月中秋、九月重阳等。其中以六月初六同时在甘肃的莲花山(临潭、临洮和康乐三县交界之山)和青海的五峰山(互助土族自治县西境)举行的花儿会规模最大。届时，临近各县的汉、回、藏、土、东乡、撒拉、保安等族成千上万的歌手和"花儿"爱好者，穿着艳丽的服装，络绎不绝前来参加盛会。在莲花山，"花儿"会分四个程序进行：拦路问歌（当地人在半路拉起绳子，由老歌手拦路问歌，来者当场答歌后，方可通过）、游山对歌（素昧平生的歌友们搭伴同行，边登山边对歌）、夜歌（每到夜幕降临，歌手们有的被接到农家土炕，有的围聚于临时搭起的帐篷，有的在草坡、河滩边点燃篝火，自由对歌）、分别歌（临别时用"花儿"互相祝福告别，约会明年再见）。

"花儿"的内容大体上可分为"整花"和"散花"两类。"整花"具有叙事说唱的性质。在民间广为流传的古典文学名著和传奇故事，如《三国演义》《西游记》《杨家将》《格萨尔王传》等，已经形成为固定唱词的"花儿"。"整花"能够将群众喜爱的文学作品用生动活泼的歌词传神地表达出来，所以深受人们的欢迎。"散花"多为见景生情，即兴编词。通过简明的词语，比喻的手法，表达人们生活中的欢乐、苦难、愿望、理想，具有情感真实、乡土气息浓郁的特点。由于内容不同，题材不同，演唱的方法不同，"花儿"也有多种多样的风格和特色。有的婉约，有的豪壮；有的含蓄，有的明快；有的缠绵，有的刚健；有的诙谐，有的深沉；有的夸张，有的朴实。音韵和谐，情真感人，雅俗共赏，使人回味无尽。"花儿"有固定的曲调，民间称为"令儿"。一般以地区和民族为令，如"河州令"、"马营令"、"土族令"、"东乡令"、"保安令"等。由于"令儿"的不同，"花儿"的词句结构和格律也各有不同。普通常见的是每首四句或六句。每首四句的如：

> 三月的清明四月的会，
> 山上设置"花儿"会，
> 大眼睛的小姐妹，
> 请你们来把"花儿"对。

每首六句的：

> 上去高山八角亭，
>
> 纸糊的灯，
>
> 我当是红花儿了，
>
> 哥哥心想不维人，
>
> 您长的俊，
>
> 眼热的没法儿了。

解放以后，"花儿"从穷乡僻壤登上了百花争妍的文艺舞台，内容和表现形式更加丰富多彩，唱、跳、演结合在一起的"花儿"歌舞剧以新的姿态出现。"花儿"这一民间文学，也注入了更新鲜、更丰富的内容。如每首四句的：

> 龙归了大海马脱了缰，
>
> 金凤凰展开了翅膀；
>
> 党中央给了银铃儿嗓，
>
> 端唱得百花儿齐放。

每首六句的：

> 春雷一声响，东方出太阳，
>
> 来了救星共产党。
>
> 推翻三座山，
>
> 少数民族把身翻。
>
> 共产党铺下五彩路，
>
> 各族人民越走越心欢。

"花儿"会上，人们放声歌颂党的领导，歌颂社会主义的幸福生活和美好未来，歌唱新中国的伟大成就。按传统习惯，"花儿"会结束时，人们还要给优秀的歌手披上红绸带以示荣耀，并给予物质奖赏。

草原上的那达慕大会

在草原上的蒙古族举行盛大的那达慕大会。"那达慕"是蒙古语音译，意为娱乐或游戏。这是一个传统的群众性集会，起源于古代的祭敖包。早在700年前就闻名于世。那时在蒙古各部落内举行。到了元朝，主要由蒙古上层首领主持集会，进行庆祝活动，以男子赛马、射箭、摔跤三项比赛为主要内容。到清代那达慕以盟、旗或苏木为单位，一二年举行一次，有的还与寺庙的庙会相结合，会上喇嘛念经、颂佛、祈祷。一般开一次那达慕大会要一至数日，参加竞技活动的优胜者奖给马、骆驼、羊和砖茶、绸缎等。到近现代，那达慕的内容和形式有了发展，除了赛马、射箭、摔跤三项竞技外，歌舞表演、商业贸易，逐渐成为重要的内容。为参加那达慕大会，男女老少身着盛装，骑马乘车，带上蒙古包从远近各地赶来参加。

那达慕盛会，一般都在七八月份举行，这时正是牧草茂盛，牛羊肥壮的丰收季节，牧民们需要出售牲畜和畜产品，同时购置生活用品和生产资料。然而群众性的赛马、射箭、摔跤比赛仍吸引着广大群众。

赛马是一项很受群众喜爱的比赛活动。参加赛马的骑手身穿华丽的彩衣，头上系着红绿绸飘带，少则二三十人，多则上百人，他们大都是少年和青壮年，年龄最小的只有七八岁。传统式的赛跑马，不备马鞍、不穿靴子，这样可以考验一个骑手的真本领，马不受鞍的束缚而能加快速度。赛跑马既是比马的耐力和速度，也是比骑手的马术和胆量。其赛程由"那达慕"会决定，一般是25—35公里，终点设在会场。赛跑马一般不计时，而是以到达终点先后取名次。另一种是赛走马，一般由中老年人参加，主要是比毅力和平稳快走，马是经过专门训练的，凡获得优胜者给予奖励。

射箭是蒙古族一项古老的竞技活动，早在狩猎时期就开始出现，随着社会的发展，逐步完善成为娱乐活动之一。蒙古式射箭强调准确有力，做到箭不虚发，并能远距离地射击。射箭比赛一种是静射也称立射，弓箭的式样、重量、长度、拉力等在比赛中无统一的规定，但有的地方立射比赛时轮流使用同一张弓，箭是自备的，男女老幼不分级别，都可以参加。立射是竖一根木桩，然后包上皮袋成宽三尺长六尺的靶置于距离四五十米远处，五六人为一组，一般规定每人射九箭，分三次轮流射完，以中靶多少来决定名次。这种比赛简单方便，可以即兴练赛。另一种是骑射，比赛的跑道一般为 4 米宽，85 米长，靶位设三个，靶位之间的距离约 25 米，第一靶是在 2 米高的木架上挂一个 1 立方尺的彩色布袋；第二靶是 1 立方尺的白布袋；第三靶是一种颜色的等边三角形布袋，第一二靶设在射手的左侧，第三靶在射手的右侧。射手策马在跑道上奔驰时，抽弓搭箭，瞄准箭靶，一次射三箭，分三轮射完，以中靶的多少评定名次。

蒙古古代盛行自由式摔跤。这种摔跤卧倒仍可以相搏，必须使对方双肩着地才算胜，为了达到这个目的可以用各种手段，因此常常发生伤残和死亡事故，这种摔跤方法在元代以后就消失了。后来蒙古摔跤以比力气为主要内容，以倒地为负，比赛实行淘汰制。摔跤不仅是男子的娱乐活动，也有女子参加，除比力气外，还要有招数和技巧。

在那达慕大会上除了赛马、射箭、摔跤外，音乐舞蹈的表演也很受群众欢迎，尤其是蒙古族的歌曲，尾声悠长而高亢，音调多激昂动听；乐器中最受欢迎的是马头琴自拉自唱，除此之外还有"好来宝"、蒙古相声、下蒙古棋等多种娱乐活动。

藏历年及其他几个民族的新年

我国少数民族的节日丰富多彩，其中按本民族历法计算的新年有很多。由于少数民族分布地区广阔，各民族新年的内容和时间不尽相同。

藏历年是藏族人民一年中最重要的传统节日，相当于汉族的春节。藏历腊月二十九晚上，家家户户要喝年粥，藏语叫"固吐"，固是九的意思，吐是粥的意思，所以也叫腊九粥。这是一次送旧岁迎新年的家庭团聚会。在腊九粥中，放进一部分包有各式各样东西的面疙瘩，谁吃到什么，立即向掌勺的女主人报告。每样东西都和食者的性格或运气联系起来，如吃出羊毛者，说明他心地善良；吃出盐巴者，说明他屁股重很懒惰；吃出木炭者，说明他心肠很黑。还有辣椒表示嘴巴厉害，瓷片表示纯洁无瑕，石块表示十分吝啬，小麦表示百事如意，桃干表示健康长寿，此外还要在腊九粥中放一个脑袋小、肚子大的面人，若此面人舀到谁碗中，谁就要学驴或学狗叫，还得喝九勺子面汤，喝不下去就硬灌，往往逗得全家人开怀大笑。

除夕这一天，每家都准备好用酥油、白面和糌粑制做的各种点心以及用青稞酿制的美酒。初一早晨天不亮，常常是年迈的长者先起床，到外边打来第一桶吉祥水。全家人按辈序排位坐定，长辈端来"切玛"、（特制的木盒内装着糌粑、青稞、人参果等食品，上面插有酥油花、麦穗和新年花等），每人先抓上几粒，向天上撒去，表示祭神，接着依次抓一点送进自己的嘴里。这时，长辈顺次祝大家"扎西德勒"（意为吉祥如意），晚辈回敬"扎西德勒彭松措"（意为吉祥如意，功德圆满）。初一这天，一般是全家闭门合欢。从初二开始外出拜年，大家都手持哈达、"切玛"和青稞酒互相祝贺"扎西德勒"，此后互敬青稞酒，边喝边唱。互拜活动，一般得延续三、五日。藏历新年期间，城乡各地还要演藏戏，跳锅庄、弦子舞等。在牧区，人们围着篝火，唱着优美动听的歌曲，跳着欢乐轻快的舞蹈。民间还要举行投掷、拔河、赛马、射箭等一系列比赛活动。

蒙古族讲究过"大年"和"小年"这两个节日。一般在腊月十五以前过"小年"，家家户户宰牛杀羊，宴请亲朋好友，此外还要把宰杀的整牛整羊以及洁白的哈达送给亲友。从腊月三十到正月初五过大年是最快乐喜庆的几天。过大年，按蒙古族的习俗要拜两次年，年三十晚上一次，为辞旧岁礼；初一再拜一次，为迎新春礼。拜年时，双方都要以酒食热情招待，习惯上是每敬必喝，一般不吃饭，但是可以带一小包砖茶回来，意思是"带喜回家"，因为茶叶被蒙古族视为上等物品。

独龙族的年节称为"卡雀瓦"。根据独龙族自己独特的历算法，"卡雀瓦"大约在每年的十一月至十二月中进行，具体日期不定，由各村寨的巫师择吉日而定。节期的长短，视准备食物的多少安排，一般为二至三天或四至五天。在年节里，独龙人要举行最为隆重的剽牛祭天仪式。这天，男女老少都打扮得十分漂亮，从四面八方集中到寨中心的祭祀场。剽牛开始时，寨中较富之家献出一头牛，主持仪式的长老把牛牵到祭祀场中央，拴在木桩上。然后，由推选出来的年轻美貌妇女在牛背上披盖麻布，并在牛角上挂上彩色珠链，表示吉祥。把牛装扮好后，主持仪式的长老牵着牛开始围绕村寨转圈。所有围观的人纷纷向牛身上抛撒着稗子、荞麦等。人们在铓锣的伴奏下，用低沉的调子唱起了剽牛祭天歌。此后，把牛牵回祭祀场中心，选一名父母双全的青年男子，手持一锋利的长竹矛，瞄准牛的心脏处猛刺进去。把牛刺倒后，大家走向前来纷纷向勇士敬酒。同时，人们围牛结成圆圈，敲起铓锣，挥刀舞弓，引吭高歌，跳起杀牛舞。此后，剥牛皮分肉。牛肉的分法是凡参加剽牛祭天仪式的人，无论男女老幼皆可平均分得一份，并当场围火堆烧食牛肉。人们品尝着新鲜的牛肉和香醇的美酒，笑语欢歌，彻夜不眠。

　　傣历新年又称为"泼水节"，是傣族的传统节日。一般在傣历六月中旬举行，节期三至四天。关于泼水节的来历传说很多。相传很早以前，有一个凶狠的魔王，刀剑不入，水火不服，横行千里，鱼肉人民，先后霸占了七个姑娘为妻。一日，魔王酒后说出自己的致命弱点。待其醉倒，姑娘们便小心翼翼地拔下魔王的一根头发，勒住其脖子，魔王的头果然掉下来，但又立即变成一团火滚动起来，所滚到之处，房屋、庄稼都被焚毁。一位姑娘见状勇敢地抱住魔王的头，把邪火压在自己身下，其他六位姑娘轮流不停地用水浇泼，一直泼了999天才把邪火彻底扑灭，人们从此得以安居乐业。为纪念这七位为民除害的姑娘，傣族人民就把扑灭邪火这天定为泼水节。每逢这天，傣族人民就相互泼水，欢庆胜利。

江南龙舟竞渡

龙舟竞渡，民间一般称为"扒龙舟"、"划龙船"，有的称为"龙舟节"，是我国南方各民族的一种传统习俗，广泛分布于江南各省的绝大部分县市城乡，已有二千多年的历史。

龙舟竞渡是史前图腾社会的遗俗。南方水乡地区的人们划着绘有本氏族部落图腾的船，去探亲访友去游乡，彼此嬉戏或竞赛，逐渐固定日期进行图腾舟竞渡。这种习俗沿袭下来，图腾舟演变为龙舟，形成后来的龙舟竞渡。

后人付龙舟竞渡以新的含义，以龙舟竞渡活动纪念心目中的英雄人物。民间传说多种，龙舟竞渡的日期不一，风俗各异。流传最广、影响最大的传说是关于屈原的。五月初五屈原在汨罗江投江自尽，人们划着船去抢救，以后每年端午节赛龙舟纪念屈原。有的地方在其他时间举行龙舟竞渡。把龙舟竞渡作为对伟大爱国诗人屈原的纪念活动，激发了人民群众的爱国主义热情，增强了中华民族的凝聚力。吴地人传说龙舟竞渡是纪念伍子胥的。云南西双版纳傣族每年傣历新年欢度泼水节（约在清明节后几天）。贵州清水江畔的苗族五月二十四至二十七日的龙舟节，纪念传说中的保公。云南大理海东区白族六月二十五日竞渡，纪念不畏强权、坚贞不屈的白洁夫人。这些传说不同，但都表达了对英雄人物的崇敬与怀念，通过竞渡纪念活动，增强民族凝聚力和自信心。

龙舟竞渡是一项竞争性和协作性很强的集体竞赛，参赛人员必得身手敏捷，耐力出众，训练有素，划技不凡，更主要的是协调一致，团结拼搏。这项活动有广泛的群众基础，竞渡期间往往是倾城出观，人山人海，群情激奋，气氛极为热烈，场面极其壮观。各地各民族风俗不同，龙舟竞渡的风格各异，各具特色，多姿多彩。

从做龙舟就很有讲究。贵州清水江畔的苗族，选在龙年十月的末日砍树制龙舟，砍树时祈愿护佑老少吉安，子孙昌盛。龙船木运行途中，全寨人高呼："龙来了！"以酒迎接，为龙船木系上红缎带。龙舟造好后，全寨老少欢宴，击鼓唱歌庆祝。湖南汨罗江的风俗，造龙舟的木匠师傅们必须分班连续工作，从开始到做成，中间不得有稍许停留，用老百姓的话说便是"每时每刻都要听到叮叮咚咚的钉船声"，是当年抢救投江的屈原大夫事情紧迫的写照，又体现争时间抢速度的急切心情。台湾各地巧妙地将"画龙点睛"成语典故运用在龙舟竞渡之中。龙舟的船头雕成高昂的龙头，不到正式比赛前是不会点上眼睛的。比赛将开始时，邀请地方贤达为龙舟点睛，类似剪彩，龙舟点睛即飞。

龙舟竞渡热烈壮观。万里长江西陵峡，江面狭窄，水流湍急，激流一泻千里，如万马奔腾。屈原故里秭归、红龙、黄龙、白龙、乌龙、混江龙，各色龙舟齐头屹立长江南岸楚王台。龙舟上的健儿们身着与各自船色相同的对襟短袖小褂。一声令下，万船齐发。随着惊天动地的号子声，红黑的手臂有节奏地奋力执桨划破水面，射向江北对岸屈原沱。锣鼓声、呼号声、鞭炮声，与浪涛声一起在峡谷里轰鸣、翻腾。秭归端午龙舟盛会分起鼓、桃桡、游江、招魂、竞渡、回舟和抢彩几个部分。独具特色的是龙舟上水手们唱出的低沉而雄浑的《招魂曲》："魂兮归来！东方不可以讬些。长人千仞，惟魂是索些。……魂兮归来！反故居些。"

不论是长江上游内江的潜水抢鸭子、上岸百米冲刺争抢彩旗，还是赣江万众拥戴龙舟下河，楚天船只云集，锣鼓喧天，江流滚滚，龙舟济济。观众是更汹涌的潮水，千家万户关门上锁，倾城观竞渡，沿路络绎不绝，江畔观众如云，堆满山头。观众的激动，比划船手更甚，着急啊，跳啊，呐喊啊，绝不亚于观看精彩的足球赛的球迷们。湖南沅陵人管看龙舟比赛叫"看病"。非看不可，不看难受得如坐针毡，龙舟竞渡已渗透到人们的内心深处。

江上热烈，海边更甚。珠海的端午节，驰骋于南海上的数千只渔船都集中到这里的香洲港湾。船帆都卸下了，数千桅杆构成一片海上森林。龙舟竞发，如离弦之箭，毫不相让，几乎都是同时到达终点。本地的、外县市的、来自港澳的同胞共计数万人观阵助威，腾起阵阵海潮。

傣族的龙舟没有龙，绘着兽头鱼尾，前端有形似三根象牙的雕饰物伸向前方，尾部饰有孔雀尾造型，大象和孔雀是傣族地区吉祥的象征。象脚鼓劲敲指挥行动，手持木桨划船的全为妇女。有些汉族地区不准妇女上船，云南少数民族却不是这样，白族妇女平日本来就在洱海捕鱼，泸沽湖上的纳西族妇女不但划船捕鱼，在家庭内还是当家人哩，参加竞渡理所当然。

素有"文化之邦"之称的浙江，龙舟竞渡不仅是体育竞技，还是文化聚会，表演各种惊险绝技，上演戏文。入夜，上下两层的"楼船"，下层桨手划船，上层吹打弹唱。张灯结彩，灯光绰约，细乐伴奏，演出《白蛇传》、《哪吒闹海》等传统戏文。船上鼓乐齐鸣，水上碎银遍洒，好一派流动的水上市街。广西的壮族、侗族、苗族、京族都有赛龙舟的习俗。歌仙刘三姐的故乡桂林，龙舟竞渡是龙舟飞驰竞赛，更是歌的大赛。那里的龙船歌共有八章，多为即兴编唱。出船唱"发兵歌"，竞渡唱"游船歌"，众桡手凯旋，全村人涌到江边唱"得胜歌"，翻江倒海，地动山摇。

大理三月好风光

云南大理，洱海湛蓝碧透，闻名天下。苍山云飞雾绕，终年积雪。苍山脚下蝴蝶泉，溪水流响，绿树掩映，无数蝴蝶或翩翩飞舞，或首尾相衔从树枝上连成一条条彩带，倒映泉水中。上关花，下关风，苍山雪，洱海月，大理风光惹人醉。还有唐代南诏早期都城太和城遗址、崇圣寺三塔，相映成趣，引人入胜。更吸引中外游人的，是苍山脚下一年一度的盛大传统集会三月街。

三月街是大理白族人民盛大的传统节日，也是滇西北各族人民的物资交流集市。每年农历三月十五起举行，会期 5 至 7 天。届时，大理、上关、下关等地许多白族人民汇集赶街，附近各县的汉、彝、纳西、藏、傈僳、回等各族人民纷纷参加，还有蜀、赣、粤、浙四方商贾，人数多达数万，进行大规模的物资交流，更有多种传统的民族文艺体育节目表演。

节日时，苍山脚下的一片缓坡处，搭起一排排货棚，货棚上彩旗迎风招展，用松枝和纸花扎成的彩色牌坊和布标十分醒目。大路小道上车水马龙，身着鲜艳服装的白族群众，以及其他各族人民，熙熙攘攘，人声鼎沸。街址两旁摆满了各种土特产品、日用百货。有苍山的竹器，洱海的鲜鱼，剑川的木器，永胜的细陶，有云南著名的三七、白药、天麻，还有中甸的藏红花、麝香等名贵药材。在牲畜市场，有当地的牲畜，也有从青藏高原来的马、牛。转过一道弯，服装市场生意兴隆，江浙来的时装非常抢手，大理制作的白族"金花衫"和"阿鹏坎肩"很受外地游客的青睐。闻名遐迩的大理石制品，有精致的桌面、花盆，小巧的杯碟、笔筒、砚台，石面上呈现美丽的山水图案，引人驻足欣赏。白族姑娘精心绣制的头帕、挂包、围腰，图案别致，惹人喜爱。

街市的另一边，是异彩纷呈的文娱体育活动。在锣鼓、唢呐声中，穿着美丽鲜艳的民族服装的白族姑娘和小伙子，用霸王鞭拍打着肩、腰、腿，跳起欢乐的舞蹈，节奏明快，动作优美。另一处，人们里三层外三层地围着，听三弦伴奏的"大本曲"演唱，精彩处会引得一阵阵喝彩。赛马会热烈火爆，各族青年骑手跃马飞奔，马蹄笃笃，烟尘滚滚，充满英武气概。民歌演唱、器乐演奏、歌舞表演，一直持续到深夜。

三月街的起源与佛教传入大理有关，最初为庙会，距今已有千余年的历史。随着社会经济的发展，逐渐演变为具有浓郁民族特色的贸易集市和传统节日。到明代，三月街已相当繁荣热闹。明、清时期有关大理风情的游记和志书中，对三月街的盛况有许多记载。明代著名地理学家、旅行家徐霞客，经过长途跋涉来到大理，游览了三月街，在他的《徐霞客游记》中对三月街盛况有精彩的描述。

近年来，随着旅游、经贸和文化艺术活动的发展，三月街已发展成了综合性的民族旅游、经贸、文化艺术节。

游牧民族的穹庐

蒙古族多居住在帐幕内，帐幕用棍条编织成圆形的框架，顶上开圆形的烟囱口，然后在框架上覆盖毡子称为穹庐。"穹"主要是指帐幕的外形，"庐"则涉及到它的内容，是比较原始的形态，随着社会的发展，穹庐在造型和功能上日臻完善。

草原是绿色的大海，穹庐是大海里的点点白帆。有人认为最早穹庐是由地穴发展而来，是游牧民族为适应游牧生活而创造的，它的特点是易于拆装。在蒙古汗国时期穹庐有两种，一种装载在车上，可以移动，《鲁不鲁乞东游记》记载："有一辆车用二十二匹牛拉一座帐幕，十一匹一横排，共排成两排，车轴之大，犹如船的桅杆。"这是车上载的大型穹幕，而小的穹庐，仅用一头牛或一匹马拉就可以了。蒙古穹庐的规模大小不一，大者可容数百人，蒙古大汗的毡殿可容千余人。小的穹庐直径仅丈余。众多的穹庐在一起形成圈子，被称为库伦。蒙古大汗的穹庐称金帐，蒙古语称"失剌斡耳朵"。这种金帐殿内宽敞，帐壁内挂紫貂，称为壁衣。元人李昱在诗中称"壁衣面面紫貂为，更绕腰栏挂虎皮，大雪外头深一尺，殿中风力岂曾知"。这种华丽的毡殿只有最高统治者才能享受。

穹庐，一般称为"蒙古包"。蒙古包在大风雪中阻力小，不积雪，下雨时包顶不存水。蒙古包的墙壁蒙古语称为"哈那"，是用皮绳把柳木条缝成菱形网眼的网片，可以伸缩，将若干网片连接成一个圆形栅框，以羊毛制作的围毡围住，其高低以蒙古包的大小而定。蒙古包顶蒙古语称"乌泥"。用几十根乌泥杆，长约七尺的橡木，上面插入天窗的眼里形成伞形骨架，下面与哈那相连，然后用羊毛制的顶毡覆盖。蒙古包的天窗，蒙古语称"陶脑"，它呈圆形，透光，通风通气，烟雾也可以出去。白天天窗盖毡打开，夜间及雨天、雪天以毡盖住。蒙古包的门向南或向东南开，主要是为防止西北风进包。门一般为一扇，大型的蒙古包两扇门对开，门上安有玻璃，并有毡子的门帘。蒙古包的搭盖，先选定是冬营地还是夏营地，如果是冬营，则必须选择较暖和、背风的地方，一般在山湾或洼地，可以避免暴风雪的侵袭，使牲畜能安全过冬；如果是夏营，必须寻找高处通风凉爽的地方，可防止牲畜受热，避免疾病。选定合适的地点后加以修整，方能搭盖蒙古包。东蒙古草原上描绘蒙古包的歌这样唱道：

> 因为仿造蓝天的样子，
> 才是圆圆的包顶；
> 因为仿造白云的颜色，
> 才用羊毛毡制成；
> 这就是穹庐，
> 我们蒙古人的家。
> 因为模拟苍天的形体，
> 天窗才是太阳的象征；
> 因为模拟天体的星座，
> 吊灯才是月亮的圆形；
> 这就是穹庐，
> 蒙古人的家。

蒙古王公居住的蒙古包，里面挂毡子、棉或绸缎，包内有地毯、橱箱、壁衣、木架，非常华丽。一般蒙古包中间有火盆，形状为圆形，烟筒从天窗出去，门的正面及西面为家中主要成员的座位和寝所，东面一般是晚辈的座位和寝所。包内还供有佛像和祭品等。内部的安排各地区不完全相同。在蒙古包外，用柳树条或榆树围一个院子，院墙边有畜圈，圈前堆积着牛、羊粪，以作燃料，各种车排列在蒙古包的周围。每户庭院都养狗，帮助放羊和看家。

蒙古包在无垠的大草原上，与绿草如茵的环境显得高度的和谐，展示着蒙古族的风情和生活画卷。除蒙古族外，哈萨克、塔吉克等牧民游牧时也居住蒙古包。蒙古包已成为游牧民族的象征。

干栏式建筑

"干栏"式建筑是一种两层木质结构房屋，最早见于《魏书》所载"以树积木以居其上"，是长江流域及其以南地区一些少数民族普遍的建筑形式。

"干栏"式建筑以木、竹为主要建筑材料，竖立木柱，在距地面约2米处架设楼梁，着穿斗式构架，上铺木板或竹料为楼板，竹木板为壁，屋顶上盖杉木皮或茅草。一般为两层，上层住人，下层圈养牲畜、放置农具杂物。下层或无遮拦，或筑石、砖墙、镶木板壁。干栏式小楼或以全楼居式单独成栋；或依山而建，与平房结合而建。南方多雨潮湿，人居楼上，可避湿气，夏天通风凉爽，所以受到普遍喜爱。直到现在，许多少数民族还大多或部分地保留着干栏式建筑形式。这种建筑后来受汉式建筑的影响，结构上采用斗拱，屋顶演化为陶瓦悬山式。干栏式建筑成为南方各民族普遍适用而又很有特色的建筑艺术。

苗、侗、土家、布依族的干栏式住宅往往依山而建，周围靠外的排柱悬空而吊，置曲栏回廊，颇似现代建筑的阳台，但回绕整个楼房的两面或三面，故称"吊脚楼"，有的称"转角楼"。这种干栏式住宅依山傍水而建，在坡面上形成上下两级屋基，上级为木质平房，楼横伸而出，楼靠山为墙，正前竖立木柱，靠外的木柱悬吊，颇似鹤独立。悬伸在外的回廊，置雕花栏杆，傍以长条凳，可乘凉或做针工。栏杆及檐口晾晒衣物或包谷、辣椒等物。屋檐口滴水檐亦雕成花边，转角处弯弯的翘得很高，略向上翻，形似水牛角。屋脊中部略低，外角高翘，与檐角一起，给人腾飞之感。木楼全用木质结构，不用铁钉。一般为两层，下层放置杂物，上层住人。有的为三层，中层住人，最上层亦放置杂物或粮食。侗族木楼将前面的走廊辟得很宽大，可放置织机，亦可会客，为家庭活动中心，后半部以木板隔为若干间作为卧室。苗族、土家族的吊脚楼为曲栏回廊式，走廊不宽，有坐椅栏杆，倚栏而坐，眺望山景，其情融融。楼内房间一般是姑娘卧室兼绣房，独辟幽境。姑娘在房中绣花织锦，梳理打扮，神思飞扬。临水的吊脚楼轻悬水波之上，河中船桨轻荡，房中织机声声，街上赶场的人如潮水，热闹异常。瑶族的吊楼，家中父母及其他人住里间内房，女儿住前面的吊楼上房间，月白风清，吊楼前廊是谈情说爱的幽静之处。

在西双版纳的坝子上，榕树掩映，竹丛苍翠，绿荫碧翠中，一幢幢傣族竹楼若隐若现。傣家的干栏式建筑，用二十多根木柱，以木梁构架，其他的楼板、墙壁都用竹料，所以叫竹楼。楼近方形，上下两层，下层无墙，楼上住人。楼口有一块竹面楼台，置水缸、水盆等物，可在此洗脸、洗菜等。楼上一般为内外两间，内间为卧室，外间为进餐、休息、接待客人的场所。外间中央置一火塘，作为煮饭烹茶之用，冬天主客围聚取暖。楼顶铺盖茅草，后来也有改为盖瓦的。竹楼虽门窗不多，阳光和清风都从竹片缝中透入，所以干爽宜人。

基诺族等居住地盛行干栏型大房子建筑。这种大房子长二十多米，宽十几米。父系家庭成员共同居于一所大房子内，包括十几户、二十多户，多达百人。进门处有一个象征性的家族总火塘，每建立一个新的家庭，依次新建一个火塘，多个火塘一字排开，体现家族的团结和兴旺。

北京四合院

四合院是我国汉、满等民族的一种传统民居。顾名思义，可知四合院是一种四面有房屋，当中有院落的布局方式。四合院历史相当悠久，早在汉代，四合院就已经很多了，到了元、明时代已臻于完整，与现在的模样相差无几。现在大量存在的是清代建造的四合院。

无论是从规划布局，还是从建筑艺术来看，北京四合院都很典型，堪称是全国四合院的代表作。

北京四合院的总体布局，均依照街道与胡同的纵横方向兴建，宅门多开在胡同南北方向，前后大体以占用一个街坊的宽度作为标准。四合院规模并不相等，有大四合院、小四合院之分。但无论大小，均以中轴线为中心，建造对称的房屋。

一般的大四合院，都是坐北朝南，大门却不在中轴线上，而多开在正房方向的东南角。这是什么缘故呢？原来自宋代以来，风水阴阳之风盛行，要照八卦中"坎宅巽门"来建筑宅第，"巽"就是东南，因此人们认为将住宅大门开在东南角才会吉利，保障合宅平安。进大门对面是影壁，这样出入住宅时，不致使人们看到杂乱景物，而且用影壁遮挡，会给人们一种静谧吉祥的感觉。人们还常在影壁前种一棵紫丁香或紫藤花，以取"紫气东来"之意。往西进一道月亮门，是一个长方形的外院，有五六间房屋临街建筑，不开窗户，称为"倒座"，一般为佣人居住。倒座正中对着一道雕花木刻的垂花门（俗称"二门"），里面就是主人居住的内院了。进二门后，迎面是四扇屏门，两边有抄手游廊通往前后院屋门。前院里用大方砖铺路，正房三间高大宽敞，旁有东西厢房各三间。一般来说，正房乃主人的客厅及卧室，厢房多用作书房、餐室。后院布局略如前院，有后正房及两边的后厢房，只是后正房东西两侧各有比较低矮的耳房一间。耳房多为仓库、厨房等。

以上说的是二进四合院，此外还有三进四合院，更有带后花园者，规模就更可观了。

小型四合院，只有一进院子。正房多为长辈居住，厢房或是晚辈居住或用作书房、餐室等。

北京四合院一般是封闭式布局，前堂后寝，房院联合，结构方整，轩敞豁亮，人们居住其间与外界相隔绝，环境十分安谧舒逸。夏日炎炎时，富贵人家往往让人用竹木、白布等在前、后院搭起遮阳天棚，院中设置一对大金鱼缸，遍植花木或葡萄架，在棚下合家消夏，或吃瓜，或品茗，真是其乐融融，妙不可言。

四合院的房屋均以"间"为单位进行组合，所以房间可大可小，可多可少，规模大小，可以自由配置。四合院最大的特点是内部空间敞亮，而院庭又是外部空间，加上内外空间又相互联结，从而成为一种扩大空间的好方法。从北京城内故宫及许多王府邸宅的布局来看，实际都是一种扩大了的四合院建筑方式。

北京目前保存比较完整的四合院为数不少，比较著名的如郭沫若故居、梅兰芳故居、茅盾故居、章士钊故居等，这是比较大型的四合院；小四合院的代表则有鲁迅故居、老舍故居等。

四合院是我国居住建筑设计中的一项重要成就，在故都北京最为流行，从而成为北京民居的象征。正因为如此，我国邮电部所发行的"各地民居"系列邮票中，"北京民居"的图案就是一组四合院。

租界与日趋洋化的屋舍

漫长的农业社会所形成的中国民居，适应了农业文明生产力的水平，人们为了获得比较理想的栖息环境，以朴素的生态观，顺应自然，以最简便的手法创造了宜人的居住环境。中国传统文化居住建筑是最基本的建筑类型，出现最早，分布最广，数量也最多。由于中国各地区的自然环境和人文情况不同，各地民居也显现出多样化的风貌。

中国汉族地区传统民居的主流是规整式住宅，以采取中轴对称方式布局的北京四合院为典型代表。四合院建筑，"四"指的是东西南北四面，"合"则是合在一起，组成一个口字形，它形成了家庭院落为中心，街坊邻里为干线，社区地域为平面的格局。四合院分前后两院，居中的正房体制最为尊崇，通常是家庭家长栖息之所，各幢房屋朝向院内，以游廊相连接，是中国封建社会宗法观念和家庭关系在居住建筑上的具体表现。四合院通常都有一个庭院，显得宁静而亲切，是十

分理想的室外生活空间。华北、东北地区的民居大多是这种宽敞的庭

院。而江南民居普遍的平面布局方式和北方的四合院大致相同，只是一般布置紧凑，院落占地面积较小，以适应当地人口密度较高，要求少占农田的特点，住宅的大门多开在中轴线上，迎面正房为大厅，后面院内常建二层楼房。由四合房围成的小院子通称天井，仅作采光和排水用。因为屋顶内侧斜坡的雨水从四面流入天井，所以这种住宅布局俗称"四水归堂"。江南民居顺应地形地势，充分利用空间，布置灵活，造型美观，合理使用材料，表现出清新活泼的面貌。

　　然而在近两百年的历史中，由于中国工业的落后和封建的闭关锁国政策，使我国的建筑文明和居住文明大大落后于西方发达国家，在近百年的建筑史上，中国建筑几乎

集体缺席，这是作为一个具有数千年文明史的泱泱大国的缺憾。仿佛是中国传统文化近代命运的缩影，传统民居的变革潮流首先在西洋居住文化的冲击下，在沿海通商口岸及其毗邻地区率先打破了原先传统民居的宁静。1853 年，一起与居住建筑毫不相干的政治事件，突然把许多人从旧的居住方式中转换过来。小刀会起义的战火将上海县南半城房屋毁灭过半，城厢内外及战事波及的青浦、嘉定等县的难民纷纷举家迁往上海的外国人居留地。到 1855 年间，租界华人已由先前的 500 人增至 2 万人。1860 年前后，由于太平军屡屡进逼上海，江南一带的地主、士绅、商民都视上海租界为避风港，竞相蜂拥而入，顿时租界房屋需求暴升，人们惊呼"上海居，尤不易"。一些外国洋行商人见房地产行情看涨，立即投入巨资，大兴土木，以租售简易的联排式房屋谋取暴利。据 1860 年统计，英美租界内已有以"里"为名的新建里弄木板房屋多达 8740 幢。这种供华人居住的里弄木板房屋的大批出现，表明传统的院落式民居已不再是上海人居住的唯一选择了。中国屋舍模式的变革从此一日千里地不断发展。这个变革从最初起，就明显地反映出两大趋势：其一，在住宅的外观、结构等方面，表现得极为西化和近代化；其二，在住宅的建造与使用等方面，则表现为商品化和标准化。

近百年来中国民居住宅的西化和近代化是一个由表及里，由浅入深，由局部装修、平面布局到造型结构、材料设施逐渐模仿西洋建筑的过程。由于中国各地方的风俗文化不同，受到的西洋文化渗透、城市人口与住宅商品化的压力大小不一，因此变化的广度、深度也有不少差异。

　　在北京以及各省会城市，出现了所谓"四合院欧化"的新态势，即在保留传统四合院的基本格局上搞点洋化：简单的玻璃窗代替菱格子糊纸绢，复杂的搞点外国式柱子、拱券点缀一下。以后，不少四合院房屋布置进一步模仿西式格局，如把厨房、锅炉房、配餐室、餐厅布置在一起，室内有地板、护墙板、水汀、吊灯，设备则有抽水马桶、电话等。如此，既保存四合院之传统格局，又吸收西式房屋之优点，可谓中西合璧，相得益彰。当然能享受此种优越条件的只是少数达官贵人，下层百姓基本无缘。

　　在北方城市，如青岛、沈阳、哈尔滨、天津等地，出现了所谓的居住大院，即在四合院的基础上加以扩大，成为一种十几户或几十户集中式的大型住宅。通常在大小不等的院子四周建二三层的外廊式楼

房，门窗向院内开设，也有两面开窗的。院内有公用楼梯、自来水龙头、厕所及下水口，没有或少有厨房，居民只能在走廊或室内放置煤炉烧饭、取暖。居住大院适应北方一般市民生活的需要，一直延续到新中国成立后的很长时期。

　　民居住宅是人类赖以抵挡寒暑和大自然各种侵扰的庇护所。中国地域辽阔，气候相异，民族众多，风俗不一，和自然环境、经济状况、生产方式、生活习惯、文化心理、民间艺术紧密相关的民居住宅，必然呈现一派多姿多态的图景，而分布最广、延续最久的则是以木结构体系、庭院式组合为基本格局的民居住宅建筑。直到19世纪中叶，它才随着中国社会"亘古未有之变局"，受到了外来居住建筑形式的巨大冲击和挑战。

独具人情的小巷弄堂

如果说北京或者扩展到整个华北与东北地区，人们都将城市里小的街巷称为"胡同"，上海人则叫做"弄堂"。所谓"弄堂"，就是北方话所说的"小巷"。弄堂虽然没有"胡同"那样悠长的历史、典雅的气质，但是对于每个生活在弄堂里的上海人来说，却具有独特的意味，它是上海文化的基础载体，又是市井文化的温床。这些看似有些陈旧乃至敝陋的里弄，是上海人真正的故园。上海弄堂之美，美在它具有浓烈的人情味。在这里有着在其他现代居住方式中难以形成的亲密的邻里关系。弄堂这样一种城市空间给邻里交往提供了极大的可能性。人们常说"低头不见抬头见"，邻里之间在这样一种生活空间中被紧密地连在一起，具有强大的凝聚力，也带来强烈的地域感、安全感和家庭感。人们似乎能从老虎窗里回忆起他们挤在狭小空间的日子，家庭生活的喜怒哀乐。

一座城市就好像一个有生命的机体。从高空俯瞰：纵横交织的道路犹如动脉，把城市分成若干个小区，每个小区之内，又有许多建筑与建筑之间形成的小通道，它密密麻麻布满全城，就像毛细血管那样细小却充满了生机。对这些小通道，各时代、各地区、各民族都有不同的称呼。据建筑史专家罗小未先生考证，"弄堂"古时写作"弄唐"。"唐"是古代朝堂前或宗庙门内的大路。这个汉字在两千多年前的《诗经》中就已出现，它在古代汉语中有多种含义，后来作为"大路"的这层意义渐渐被历史冲淡。及至近现代，人们已记不起"唐"这个字与建筑学有什么联系，因而代之以另一个在建筑学上有意思的汉字"堂"。"堂"原来是对房间的称谓，与大路、小巷无甚关系，但在近现代汉语中，它与建筑学的联系毕竟比"唐"更紧密些，而且又与"唐"谐音，这样"弄唐"就演化成了"弄堂"。（参见罗小未、伍江《上海弄堂》）其实，称"弄堂"的不只是上海人，中国江南地区大都这样称呼。但是弄堂能与北京的胡同一样著称于世，却主要是因为近代上海大批里弄住宅的兴起。

第一次鸦片战争后，大量华人进入租界后，极大地刺激了租界内房地产经营活动。大多数外商都很快将商业与兴趣转移到房地产经营中来。一些早期的著名洋行如老沙逊、怡和、仁记纷纷投巨资从事房地产经营。

上海的民居住宅是由连排的石库门建筑所构成的，石库门建筑之间，形成了一条条的通道，这种通道便是上海人所谓的"弄堂"。由于地面紧张，房屋排列行距很紧，因此上海的弄堂大都显得十分狭窄，较宽的为4米左右，较狭的连3米都不到。这些弄堂虽然行距狭窄，阴暗潮湿，然而却是19世纪中叶至20世纪末这一百多年来上海都市人生存栖息的一块重要的天地。

首先是弄堂建筑装饰丰富多彩。各弄堂的可识别性主要通过不同的装饰，一种极易让人留下深刻印象的视觉元素而体现出来。走近每一个石库门，你都会被那千姿百态、风格各异的装饰所吸引。尤其是石库门的门头装饰，其形状有三角形、半圆形、弧形、长方形或组合形；其上的浮雕更是各不相同，有地道的欧洲古典山花装饰，有巴洛克式的卷草、蛋饰和大卷涡，也有中国传统的吉祥图案，更有大量说不清到底属于什么风格，然而却又充满了设计者与建造者创造性的艺术发挥。还有一部分石库门，在门头装饰之下还留有一个空间，写上一些表达设计者或使用者思想的吉祥文字，使西方色彩颇为浓重的装饰中流露出中国传统文化的痕迹。比如在一些弄堂中统一使用一些都带有"德"字的"四字箴言"，如"唯德是辅"、"光明厚德"等，不仅使每一座门都具有明显的可识别性，更体现出建筑的文化内涵。以文字点景，以德寓于其中，怡情养性，陶冶情操，表现出中国居住文化的品质特征。

弄堂内的社会活动主要是老人和儿童的活动。老人和儿童没有因工作需要而形成更广泛的社会交往，他们的体力也不允许他们有更多的超出居住空间太远的交往，因而居住区本身就成了他们几乎唯一的选择。弄堂这样一种居住方式及其所提供的特有的空间，为老人和儿童的社会公共活动创造了极好的场所与条件。在弄堂中常常看到这样一种景观：主妇们倚门而坐，一面做家务，一面与邻居拉家常，一面又照看着正在弄堂内玩耍、游戏的孩子；弄堂另有一小群一小群的退休老人聚在一起，或打牌，或下棋，或聊天，其乐融融。在弄堂中还常看到，由于邻居间长期共处，弄堂几乎成为一个"大家庭"。在这里，一家有喜百家来贺，一家有灾百家支援。邻居间偶尔摩擦口角，便会引来更多邻居的劝阻。在这里，常有老人热衷于弄内的公益活动，如清洁卫生、互相照应、帮邻居照看小孩等。弄堂内这种邻里关系是非组织的、自然的，因而也更有人情味，更具有生活情趣。

有些大型的，拥有数百户甚至成千户的弄堂，俨然就像一个城中之城，里面有杂货店、小吃店、理发店、老虎灶、裁缝店，甚至还有工厂。上海的"弄堂工厂"是上海工业与文化的一大特色。这些工厂的厂长大多为技术工人出身，带着几个徒弟，运用大厂扔下来的边角料或下脚货，经过因材施用，精心设计，认真制作，竟造出许多人们生活的必需品，并在小商品市场中占着重要席位。新中国成立后的上钢八厂便是以几个"弄堂工厂"为基础发展起来的。

侗寨鼓楼风雨桥

在湘黔桂毗连地区的侗族山乡，一个个村寨里高耸着多达十几层的巍峨塔楼，引人注目。这就是闻名中外的侗家鼓楼。村寨口，大小河溪之上，一座座风雨桥横跨，木桥上建长廊、亭阁，遮阳避雨，造型优美。鼓楼、风雨桥交相辉映，体现了侗族人民高超的建筑艺术和审美追求。

每个侗寨都有一座鼓楼，大的寨子有两座以上，多的达四五座。鼓楼是塔形建筑物，底层方形，上面是多边形，有六边形的、八边形的，也有四边形的。楼层飞阁重檐，有五层、七层、九层乃至十五层不等。每层飞檐檐牙高啄，自下而上层层缩小，顶端覆以葫芦形宝顶。鼓楼装饰精美，翼角、瓦面和封檐板等处都有花鸟虫鱼、飞禽走兽和人物故事等内容丰富的雕塑和绘画。

鼓楼是杉木结构建筑物。中间四根大古杉柱直达屋顶，四周 12 根柱头排列，几百根梁枋、小木柱全以木榫、木栓穿合，不用一枚铁钉，牢固坚实。侗家工匠建造这种结构复杂、体积庞大的建筑物，不用图纸，全凭心记默算，可见工艺之高。

据侗族古歌传唱，侗族先民每迁徙到一个地方，必先建鼓楼，然后再建住房。鼓楼是侗寨的心脏，是团结村民、集中集体智慧和力量的枢纽。鼓楼内置大鼓一面，每有匪情、山火或重大紧急事项，就由传事人击鼓为号，各家闻讯而至，全寨汇集，采取紧急措施或商讨对策。鼓楼是一个寨子的集会和议事中心，也是群众迎送宾客、娱乐休息的公共场所。平时，大家围坐聊天，商量农事，交流思想。老年人弹琵琶，讲故事，谈古论今；青年人对唱大歌，赛芦笙，踩歌堂，互诉衷情。

在侗族聚居的山乡，可以说有河必有桥，架桥必建亭阁、长廊。村寨口，既有鼓楼又见风雨桥，侗乡两绝比翼竞秀。有的风雨桥的亭阁就用的是鼓楼的造型，人称鼓楼花桥。村寨旁的风雨桥，房檐、鼓楼、木桥长廊相接，贵客出寨，长桥相送，脚下不湿鞋，头上不打伞。山野小溪的潺潺流水上面，青瓦飞檐的小桥轻架，在田地间劳动的人们正好避雨乘凉、休息歇乏。

风雨桥为石墩木身结构。粗壮的横梁木飞架，上建长廊式木桥，以木头凿榫穿枋衔接而成，也不用铁钉。桥面铺木板，竖柱立桥，上盖青瓦，长廊通道避雨遮阳。两边有木栏杆，架以长条凳，供过路人休息。桥上矗立一座或数座亭阁，亭檐层层向上翻卷，廊檐、亭柱、桥壁上雕龙画凤，彩饰花卉。

广西三江侗族自治县可称集风雨桥之大观，有三十多座有名的大型风雨桥。程阳风雨桥是最大的一座，是国家重点保护文物，中外闻名。桥长 76 米，高 10 米，宽 3.4 米。五墩四孔，五座桥亭，中间为五层重檐六角形亭阁，两端为五层重檐四角形亭阁，格外壮观。

贵州黎平县的地坪风雨桥也很有名。桥身长 70 米，一墩两孔。桥上建有三座桥楼，中楼为五重檐四角攒尖顶，形似宝塔。两端为三重檐歇山顶，形似楼阁。桥脊上的彩塑"双龙戏珠"、"鸾凤和鸣"生动形象。廊内两侧绘有侗族历史人物故事和山水花鸟，绚丽夺目。

风雨桥由各村寨群众自己出工、集资、献料修成。与人方便，自己方便，修建风雨桥体现了侗家人热心公益活动、团结协作的优良品格。每一座桥建成或修复，都要举行犹如剪彩的浓重的踩桥仪式，周围几十里的村寨都派人前往祝贺。

侗寨的鼓楼、风雨桥象征着侗族人民古朴的集体意识和团结精神。侗族村寨有自己的古老的民间组织"款"，并公推"款首"，共立"款约"。"款"组织负责集合民众抵御外侮，对内维护"款约"，如有违反，严加惩治。侗族的村寨交往、文体活动、婚丧嫁娶都带有浓厚的集体性。

那边风雨桥旁，各村寨集体做客，宾主相聚一起踩歌堂，人们手搭肩围成一圈，有节奏地踏步徐行，整个队伍随着脚步的起落而摆动。这边鼓楼内，上百人的歌队分男队、女队围圈对坐，在对唱"侗族大歌"。全寨老少里三层外三层围聚听歌并品评。男声大歌、女声大歌、男女混声大歌交替进行，时而齐唱，时而多声部合唱。领唱和合唱相结合，主旋律在低音部，派生高声，曲调悠扬婉转。夜幕降临，鼓楼内火光通红，映衬着山寨的静夜。对歌的高潮是"蝉之歌"。一人领唱大家合，领唱高昂，合唱低沉浑厚，开头咏叹，间以吟诵，每一段结尾都拖一声"嘎九"尾腔。对唱配合默契，如潺潺流水和谐流畅，音乐的祥云缭绕鼓楼、风雨桥。

草原的舟楫和翅膀

　　一望无际的大草原，水草碧绿如海涛滚滚。辽远的天际，一溜驮队像航海的船帆缓缓地升起来。逐水草而居的游牧民族，以他们的木轮大车、马、牛为舟，以骏马为翅膀，遨游在云天莽原。

　　北方草原上的古代民族很早就使用"勒勒车"。这种"车轮高大，辐数至多"的大车古时被称作"高车"。勒勒车的车轮直径1．5米左右，便于在深草地里、沼泽泥泞中或很厚的积雪中行走。车轮、车轴、车辕和车棚等全部用木料制成。平时运送各种货物，婚丧嫁娶，回娘家或走亲戚，都使用套牛套马的勒勒车。一个牧户五六辆至十几辆，几十辆勒勒车将一个个蒙古包化整为零，拆装在车棚里，用毡子或皮张覆盖，车铃叮当，在草原上缓缓而行。老人儿童乘车，青壮年牧民骑马。到了新的牧场，搭起蒙古包，勒勒车在蒙古包外围成一个圆圈，自成一番别致的胜境。达斡尔族也使用这种别具一格的交通运输工具，他们叫大轱辘车。勒勒车是辽阔草原海疆的帆船。

　　被称为"草原之舟"的牦牛，是藏族牧区的交通运输工具。据古籍记载，分布在今甘、青、川一带的古代羌人，早在两千多年前就已畜养牦牛。现在，藏、柯尔克孜、塔吉克等族人民饲养牦牛的总数达1000多万头。牦牛耐寒、温顺，能在海拔3000米以上的高原地区、零下30摄氏度的冰山雪原上驮运重物，跋涉数日，披冰挂雪，依旧泰然自若，锐气不减。草原牧民常以牦牛长途驮运，或当坐骑踏冰走险。农区藏民用牦牛耕地、驮运粮食及杂货。牦牛看起来步履缓缓，在草原传统体育活动赛牦牛会上，却昂首奋蹄千米冲刺丝毫不让。千里大漠，瀚海茫茫，何处是绿洲？享有"沙漠之舟"美称的骆驼不负众望。骆驼忍耐饥渴能力特强，可以十几天不饮水、一个月不吃东西照常负重数百斤货物在沙漠里长途跋涉，如海上行舟。只要跟随骆驼，迷途的旅人可在沙滩找到绿洲。骆驼是古代丝绸之路的主力，驼铃声声从遥远的过去直摇响到当今，内蒙古、新疆、甘肃、宁夏等地的蒙古族及其他一些民族，在戈壁沙漠中仍然以骆驼为重要交通运输工具。

鄂伦春族人称他们的鄂伦春马为"山林之舟"。高高的兴安岭一片密林，鄂伦春人一匹猎马一杆枪，穿行在林海雪原，马是狩猎、驮载的重要交通工具。鄂伦春马追逐野兽跑得快，驮载运输能力强，探亲、赶集都离不开它。

哈萨克族、蒙古族有"马背上的民族"之称。哈萨克族谚语说："马是哈萨克人的翅膀。"据《汉书》记载，西域的乌孙、大宛出产名贵的"西极马"、"天马"。据说乌孙就是哈萨克族的先民，可见哈萨克人饲养名马的历史久远。哈萨克族与马，简直是须臾不可离开。马是他们的交通工具和生产工具，又是他们重要的文娱体育工具，还是生活的伴侣。在茫茫的草原上，几乎每人都配有一匹马，凡属外出活动，无不以马为脚力。哈萨克族小孩从四五岁就开始学习骑马，到十来岁便成为骑术高超的骑手了。每逢盛大节日，赛马成了一项引人注目的体育运动项目，优胜的骑手受到奖赏，夺冠的骏马留下美名。蒙古族精骑善射，射箭比赛中的骑射，讲究"一马三箭"，骑马在奔跑中射箭，姿态优美，射靶准确。藏族的跑马射箭、马上射击，竞争激烈，动人心弦。藏族骑手飞马捡哈达，柯尔克孜族骑手飞马俯身捡钱币，体现了高超的骑术和灵活骁勇。哈萨克谚语和民歌中，对马的赞美和比喻占很大的比重，蒙古族关于马的歌曲更是俯拾皆是，牧民心目中的马同勇猛、矫健、昂扬、奋发等审美意象紧密相连，马是美的化身。

骏马为游牧民族插上双翅，驰骋原野。

现在，万里草原交通大发展。世代缓行勒勒车的牧场，有了汽车、火车、飞机。"草原列车"开通海拉尔，国际列车经过内蒙古草原。内蒙古自治区有了7个机场，航班可达北京等很多城市，太阳也要"走"两个小时的狭长的内蒙古，过去坐勒勒车的牧民如今乘飞机两个多小时从海拉尔到呼和浩特。第二欧亚大陆桥从连云港途经新疆连接西亚和欧洲大陆。全疆区内就有9条航线连接11个地州市及北京和国内主要大都市，还有飞往中亚、北非、欧洲的11条国际航班。过去从拉萨到北京，骑牦牛转车船，辗转两个多月，现在民航三个多小时即可到达。草原深处，"突突"作响的摩托车快捷便当，各种越野汽车往来于城乡之间。但是，巍峨骏马、大漠驼铃、悠悠的勒勒车仍然在农牧民生产生活、民俗事项中发挥着作用。

南方少数民族的织锦和蜡染

中国以"丝绸之国"闻名世界，纺织扎绣工艺源远流长，品种繁多，绚丽多彩。壮、侗、黎、傣等民族不断锐意求新，织绣出了壮锦、侗锦、黎锦和傣锦，还有土家、苗、瑶族的织锦，各具特色，久负盛名。印染是纺织工艺中的一个重要环节，南方少数民族在棉布的蜡染方面有重要的创造。蜡染长期以来就是我国南方布依、苗、侗、壮、瑶、水、仡佬等民族的一种传统工艺。蜡染斑布以其花纹图案淡雅精美、清新活泼而著称，是我国纺织工艺的一朵奇葩。

壮锦历史悠久。宋代王朝在四川建立"蜀锦院"专门织锦，其中有一种"广西锦"，就是壮锦的前身。明清以来，壮锦有了进一步发展，且水平很高。明代万历年间，有龙凤花纹图案的壮锦已成为贡品。《柳州府志》载："壮锦各州县出，壮人爱彩，凡衣裙巾被之属，莫不取五色绒线杂以织布，为花鸟状，……工巧炫丽。"可见壮人爱锦之深，织锦之广。直到现在，壮族人仍然保持着结婚惯用壮锦被面，生第一个孩子用壮锦被带的风俗。现在，壮锦的品种已由一般的花边、腰带、头巾，发展到挂包、提包、坐垫、床毯以及壁挂、锦屏等，远销东南亚、欧洲、美洲的许多国家。

侗锦分彩锦和素锦。彩锦常用红、黄、紫、绿、蓝等线杂织，色彩艳丽。素锦一般是在白经线上用青线作纬编织而成。编织中小幅侗锦，根据所要织的图案提纱编织即可。编织大幅侗锦，需用结构复杂的侗锦织具，这种织具上面设有150多根档纱的长竹签，编织时须记清所织图案需要提、按的竹签顺序。侗族家家户户都有织锦工具。侗家姑娘爱织锦，将常见的人字形、十字形、口字形、之字形、米字形、万字形等图案，经过精心规划，组成一幅幅简练明快的画面。侗锦内容多取材于常见的事物，有的取材于优美的神话故事。

土家织锦，史籍称土锦，土家族人自己将其称作"西兰卡普"（意为土花铺盖）。土家姑娘从十一二岁开始学习织锦，几个月就能学会，三五年织工精巧。到将近20岁出嫁时，十几床织锦被服的织工技艺成为衡量姑娘聪慧勤劳的标准。土家织锦是在木制斜腰机式织机上织成的。姑娘坐在坐板上，用一把牛角或金属挑刀用力敲打，编织的成品厚实耐用。传统的土家织锦图案有二百余种，有取材于自然物象的图案，如阳雀花、野鸡尾巴花、韭菜花等；有表现土家风俗的题材，如迎亲图、粑粑架花等；有受汉文化影响的吉庆图案，如"福禄寿喜"、"二龙抢宝"等。土家织锦构图丰富多彩，风格古朴。

蜡染大约起源于汉代以前，被誉为"东方的明珠"。蜡染因用蜂蜡作防染剂而得名。制作者先把蜂蜡加温溶化，再用蜡刀轻轻蘸上蜡汁，在白布上画出纹饰图案，接着将布放入靛蓝缸内染色。由于白布上绘过图案的地方有凝固的蜡层，所以染料不能渗入，保持了布的白色，无蜡处变成蓝色或青色。然后加温去蜡，经水洗漂，即制成呈现美丽的白色花纹图案的蜡染花布。蜡染制作者用刀如运笔，充分发挥想象力和创造力，描绘自如，富于变化，或花鸟鱼虫，或龙凤日月，或劳动生活，或奇丽想象，把幸福和理想描绘在蜡染图案里，把对生活的爱融入作品中，题材广泛，形象生动，造型稚拙，意境清新。花鸟鱼虫的蜡染，构图活泼，风格潇洒。大胆的夸张变形，使蜡染艺术形象比生活更高更美更典型。图案里，花上套花，花中显花，似花非花，似鱼非鱼，似鸟非鸟，处于似与不似之间，妙趣横生。特别是在动植物特征突出的部分，如鸡的冠、蝴蝶的须等，采用极度的夸张，使人不仅不感到失真，反而感到形神兼备。蜡染色调淳朴，文静素雅，加上图案独特，美观大方，近年来不仅用于服饰，还用于制作提包、窗帘、台布、屏风等，畅销国内外，受到广泛的赞誉。

后脑勺上的风情

1911年辛亥革命，一举推翻了清王朝及中国实行了两千余年的封建皇权制度，建立了"中华民国"。倘若从民俗学角度来考察，这场革命却是从后脑勺上的风情变化开始的。

按照古俗，汉族男子一般是不留辫子的。古代男子蓄发不剪，举行成年礼时，束发于顶，加冠其上。剃发和留辫原本是满族人的风俗，满族先人梳辫发，金太宗天会七年（1129年）曾下旨，凡女真人皆留辫发。所谓"留辫发"，就是把前额至脑后的头发剃去一圈，将留下的长发编成一条长辫子，垂于脑后。

　　1621 年，努尔哈赤攻下辽沈后，即大规模地强迫汉人剃发留辫。清顺治元年（1644 年），清兵入关，攻占北京。为了用同化风俗的办法来剪除汉人的民族意识，消弭反清意识，于清顺治二年（1645 年）6 月 15 日颁布剃发令，强制关内人民一律剃发，严厉地实行了"剃发令"："官民尽皆剃头"，违令者"杀无赦"。当时不仅有"留发不留头，留头不留发"的政令，而且还有"一个不剃全家斩，一家不剃全村斩"之令。这是明清之际风俗史上的一个事变，中国儒家传统历来有"身体发肤，受之父母"的祖训，许多人为此宁愿掉脑袋也不愿剃发。

　　满清入主中原，建立清王朝，凭借暴力的政权强行使它的臣民实行满族的风俗，从此，中国男子脑后就多了一条长长的发辫。

　　历史就这样走过了差不多三百年，直到晚清以后，随着鸦片战争之后，欧风美雨的东渐，大批先进的中国人开始走出国门，学习西方文化和先进的技术。他们耳濡目染了西方生活方式，痛感中国的落后与后脑勺上的这根辫子有关，西方人侮辱性地称这根辫子为"pigtail"（猪尾巴）。为了改变这种受歧视的状况，有些留学生把辫子盘起来，有的人索性早早地把辫子剪掉了。戊戌变法期间，康有为进呈《请断发易服改元折》指出："欧美百数十年前，人皆辫发也，至近数十年，机器日新，兵事日精，乃尽剪之，今既举国皆兵，断发之俗，万国同风矣。"以辫子不利于打仗、不便用于机器、不利于卫生，且为外人耻笑，主张剪辫断发，可谓对这种留辫习俗的严正抗议。

历史上的风俗总是有一种巨大的惯性。千百万人的习惯势力是最可怕的，一旦习以成俗，再改变它就会异常艰难。到清朝末年，大部分普通中国人对拖在后脑勺的这根辫子，早已习以为常了。留辫子成为大清子民须臾难离的发饰，这时，资产阶级民主革命家号召民众"剪辫断发"，就像当初留辫子一样，遭到守旧势力的顽强抵抗。所以，在辛亥革命的前夜，剪辫子还是留辫子，成为是继续效忠清王朝还是赞同革命的一种政治标志。

　　旧习俗总是不肯轻易退出历史舞台的。那时，辫子在中国社会不仅是一束头发，它还维系着千家万户同王朝和传统之间的一种联系。当年为了抵制后脑勺上的这根辫子，几十万人被杀头，经过两三百年的习俗养成，许多人已习惯成自然，还把它看做是民族标志和审美符号。1895年甲午战败割让台湾以后，当地同胞就曾以拒绝剪辫的行动表示不归顺日本统治。在这场剪辫风潮中，据说，两江总督瑞方为了说服他儿子不要剪辫子竟花去了八千大洋。不是说剪去辫子用了这笔钱，而是这位总督与他在英国读书的宝贝儿子为"剪辫与否"的争论花去了八千元来来往往的电报费。最终儿子还是剪去了辫子。

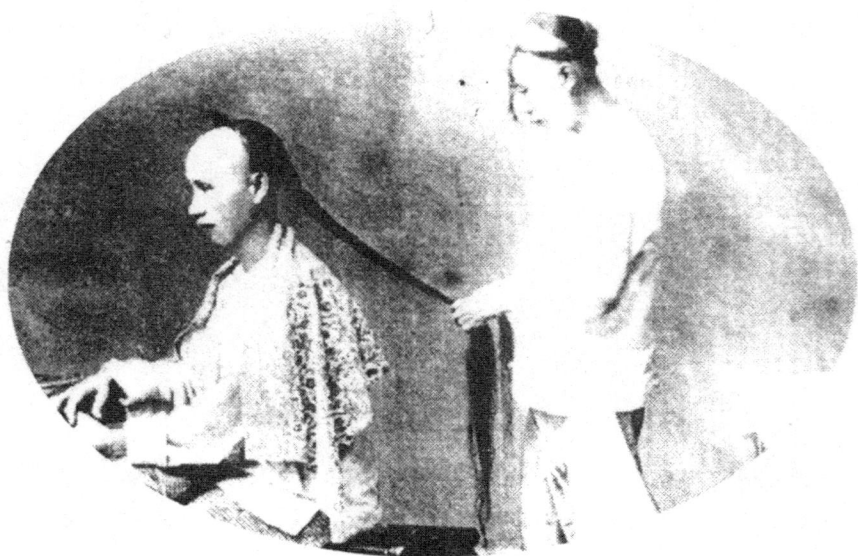

　　辛亥革命初期，剪辫断发就成为一场严肃的政治抉择。1912年元旦，孙中山在大总统令中规定"中华民国"的公民必须剪除辫子。此后，剪辫不再是一种倡导的口号，而是必须执行的政令。那时，一般新派人士首倡剪去自己的发辫，然后上街向别人宣传，劝其到保甲局剪掉辫子。各地保甲局请了义务理发师，剪辫时还举行各种仪式，鸣炮奏乐。南方各地剪辫后还派送两枚红蛋，辫子可用红纸包好带回家里，供在祖先灵前三天。

可是，相沿几百年的积习总是难返，政府不得不采取强制剪辫手段，一时闹得人心惶惶。城里人上街把辫子藏在帽子里，乡下人进城盘着辫子盖着斗笠，都想蒙混过关。但上街是生活之必需，一经发觉，剪刀无情，被剪者敢怒不敢言。在福州市，有一个财主叫高正山，在家躲了数月，忍耐不住，只得剪掉一半辫子走出去，朋友见他不伦不类，戏称他为"高半山"。福建省还有一个贡生陈某，剪辫时在家设立香案，祭告天地："身体发肤，受之父母，改朝换代，迫不得已。"说完，跪在父母面前大哭，其父母也与他一起欷歔不已。后来张勋复辟，那些剪了辫子的遗老追悔莫及，一面出来喊叫缉拿革命党，一面摸摸自己后脑勺的猪尾巴又都不在了，弄得哭笑不得。

辛亥老人吴蔼宸后来回忆说：

"辛亥革命那年，我21岁，正在学校念书，喜欢阅读从日本传来的《民报》、《天讨》、《新民丛报》等报刊，受到革命思想的感染。学校里革命气氛也很浓，学生中有玫瑰花社、昨非社等组织。辛亥革命前几个月资政院讨论'剪发不易服案'未通过，但我们学校各科已先后有十二人自行剪发。我和一位同学到苏州胡同日本理发店，每人付五角钱，剪去了辫子。每天上课时很是得意，觉得自己很革命。"

"青山遮不住，毕竟东流去。"剪辫子和留辫子的角逐，成为辛亥革命的一个组成部分，各地陆续掀起了剪辫风潮。可以说，辛亥革命吹响了近代中国史无前例的移风易俗运动，而这场伟大的革命也正是从后脑勺上的风情变革开始的。

多姿多彩的各民族服饰

中国50多个民族都有各具特色、绚丽多彩的服饰，它给人们生活注入了美丽丰富的色彩和意趣。

各民族因居住地区不同，生活习惯不一，审美追求各异，穿着服饰千差万别。居住在不同地区的同一民族服饰也不一样。

靠山吃山，靠水吃水。这句话也可以扩延到穿着服饰上，各民族的服装直接受其经济生活的影响。过去主要从事渔猎的赫哲族，揉制鱼皮、兽皮为衣，缀贝壳为边饰。生活在大兴安岭大森林里的鄂伦春、鄂温克族用猎获的狍皮、熊皮制作衣帽。从事畜牧业的蒙古、藏、哈萨克、柯尔克孜、塔吉克、裕固、土等民族，穿牲畜皮毛制品，住毡房。南方许多少数民族则善于绩麻织布。海南的黎族织布历史很早。布依、苗、侗、壮、瑶等民族尤擅长织锦，蜡染技艺高超，做成的服装斑斓精美。他们用当地的出产和灵巧的双手装扮自己。

各民族服饰体现了其居住地区的地理特征、气候特点。一般来说，北方和青藏高原着宽袍长褂，江南广大地区的裙、衫、裤较短。蒙古族男女都穿长袍，蒙古袍长且肥大，袖子也长，乘马放牧中能护膝防寒，夜晚还能当被盖，皮袍即使挂不起面子也要绣上花边。鄂伦春、鄂温克族为适应在林海雪原中爬山游猎，穿的是以狍皮为原料的御寒性强的皮装，女式皮袍大襟覆盖脚面。赫哲族穿鱼皮衣裤，冬天狩猎抗寒耐磨，春秋捕鱼穿它防水护膝。青藏高原气候寒冷，日光强烈。藏袍以皮袍为主，宽腰，肥大，超长。为适应高原温差大的特点，藏胞们早晚穿上双袖；上午气温升高时只穿左袖，右袖搭在肩上；中午天热左袖也脱下，两袖分扎在腰间。女式藏袍在腰间围系一条五彩帮典，美观大方。满族崇尚骑射，男子多喜欢穿带有箭袖的袍子。满旗妇女着线条流畅、贴身合体的流线型旗袍，逐渐受到汉族妇女的喜爱，普及全国，被国际服装界誉为"东方女装"的代表。

北方很多民族的裙装也很有特色。朝鲜族妇女的多褶长裙束于胸际，短短的小灯笼袖斜襟上衣以飘带系于前胸，长裙色彩素雅而又艳丽，形态优美。维吾尔族爱德丽丝绸色彩绚丽，图案别致，维吾尔族女子普遍穿爱德丽丝绸连衣裙，鲜艳飘逸，婀娜多姿。

南方少数民族的服饰更加多种多样。男子的装束要简单一些，大多穿对襟或大襟上衣、长裤，戴头帕，颜色以黑、蓝、白为主。妇女大多着裙，苗、布依族妇女的百褶裙长者曳地，短者及膝，可谓超短裙。布依族青年妇女盛装时往往穿多条裙子，下端有层次地展现出件数。傣族妇女的统裙式样特殊，长到脚背，窄袖短衫只到腰部，显得苗条多姿。景颇族妇女着黑、红色统裙，左衽短上衣前后及肩上钉有很多银片，银饰闪亮。彝族的多褶长裙由多节不同的色布镶成，较长的大襟上常绣以水波纹。纳西族妇女上身穿长过膝的大褂，外加坎肩，前系百褶围腰，背披羊皮披肩，披肩上缀有象征太阳、月亮、星星的九盘圆形绣锦描花图案，称之"披星戴月"，以寓勤劳之意。

少数民族大多居住在边疆和山区。高山峡谷地带地形复杂，气候多变，有俗语形容为"一天有四季，隔里不同天"。这话借用来形容少数民族多姿多彩的帽饰，便是"隔里不同帽"。的确，行车十里，就能见到不同民族的多种帽饰。汉族当中，绍兴人戴传统的尖顶圆边的乌毡帽，陕北农民扎白羊肚毛巾，江浙鄂一带给幼儿戴绣花虎头帽。鄂伦春族猎人头戴狍头皮帽以便游猎时伪装。裕固族妇女头戴喇叭形红缨帽。凉山彝族男子在蓝黑大包头右前方扎出细长椎形的"英雄结"，英武潇洒。红河彝家姑娘饰鸡冠帽以象征吉祥。白族姑娘喜爱美丽的凤凰帽。毛南族的"顶盖花"花竹帽花纹美观，体现了毛南人美好的心灵。珞巴族的熊皮圆盔显示了猎人的英武。维吾尔族的四棱小花帽色彩艳丽。哈萨克族姑娘的绣花小帽缀以猫头鹰羽毛，婀娜多姿。乌孜别克族妇女常在小帽外罩上薄如蝉翼的挑花绣边披巾。柯尔克孜族人则四季均戴灯芯绒小圆帽。回族男子戴一顶无檐小白帽。

千里之行，始于足下。各民族的鞋饰也充分表现了其精巧技艺。蒙古族穿绣边的高腰长统马靴，以御寒护膝。赫哲族穿鱼皮靰鞡，轻便暖和且不透霜。维吾尔族男女喜穿皮靴，靴上加套鞋，入室即脱套鞋。羌族姑娘精心绣制有彩云图案的"云云鞋"，向小伙子表达爱情。

发饰表现各族妇女对美的追求。满族妇女将头发束在头顶，分成两绺，在头顶上梳成一个横长式的发髻，再将后面的余发缩成一个燕尾式的扁髻压在后脖领儿上，走起路来格外庄重。傣族妇女的发髻顶于脑后或稍偏于一侧，一般不束带，显得活泼。佤族妇女留长发，不绾髻不梳辫，头戴银箍拢发于脑后，跳起甩发舞来洒脱飘逸。侗族妇女挽髻的式样有扁髻、盘髻、双盘髻等。藏族妇女梳多条细长辫。畲族妇女将头发椎髻成螺形盘于头顶。贵州镇宁布依族姑娘将头发绾成拱桥髻，披向脑后。

此外，各民族的佩饰也多种多样。傈僳、独龙、景颇、佤、普米族男子多佩刀，既是生产需要，也是装饰。德昂族妇女腰系红黑两色藤篾腰箍。红河彝族男子勒上花腰带。阿昌族妇女扎绣花长飘带，光彩夺目。

革命形象与无彩时尚

1949 年 10 月 1 日，中华人民共和国成立，标志着现代中国的新纪元，在服饰习俗上也展现出前所未有的新气象。新中国成立初期，人们的服装上大致还保留着民国时期的样式：城市市民一般穿侧面开襟扣的长袍，妇女穿旗袍；农村男子一般穿中式的对襟短衣、长裤，妇女穿左边开襟的短衫、长裤，有的还穿一条长裙，但这些现象首先在城市很快消失。

　　1949 年以后，大批的解放军、干部开始进城，解放区的健康风尚与服装款式也随着大军南下西进而传遍全国，旗袍靓丽辉煌的地位被革命年代的干部装所取而代之。社会鄙夷挂红穿绿的奢侈服饰风尚，

旗袍衬映出的悠闲、舒适的女性形象失去了生存的氛围，人们对衣着时尚美的追求化为对革命工作的狂热。

作为社会风俗的最主要的底色被写成了"朴素"二字，被一股从未有过的革命激情所感染的普通民众崇尚朴素之美、无彩时尚，当时，中国作家所极力描绘的也是这种朴素之美，他们热情讴歌自己的革命领袖，都是一个个朴素的伟人。方纪在《挥手之间》说：毛泽东主席"永远穿着干净的旧灰布制服，布鞋，戴着灰布八角帽。他魁梧的身影，温和的脸，明净的额，慈祥的目光，热情有力的声音，时时出现在会场上，课堂上，杨家岭山下的大道边"。周恩来总理鼓励和教育侄子到基层锻炼，并送他一句话作为勉励："布衣暖，菜根香，读书滋味长。"用朴素美来教诲晚辈，周总理堪称典范。那个年代"朴素"就是诗意的代名词，平淡的生活，朴素的衣着，几乎成为普通百姓一生的追求。正如当时一首民谣所说："四个兜的中山装，小米高粱吃得香，几户人家一个庄，走亲访友靠步量。"坚定的革命信念，火一般的革命激情，引领着人们的生活，工作千难万难，但没有半句怨言；生活清苦匮乏，但没有半点牢骚。

进城的干部多已穿灰色的中山装，高校的青年学生怀着革命的热情，首先效仿纷纷穿起象征革命的服装。随后，各行各业的人们争相把长袍、西服改做成中山装或军服。这些服装除了朴素实用外，还表现了人们的革命热情——劳动最光荣，朴素成时尚。

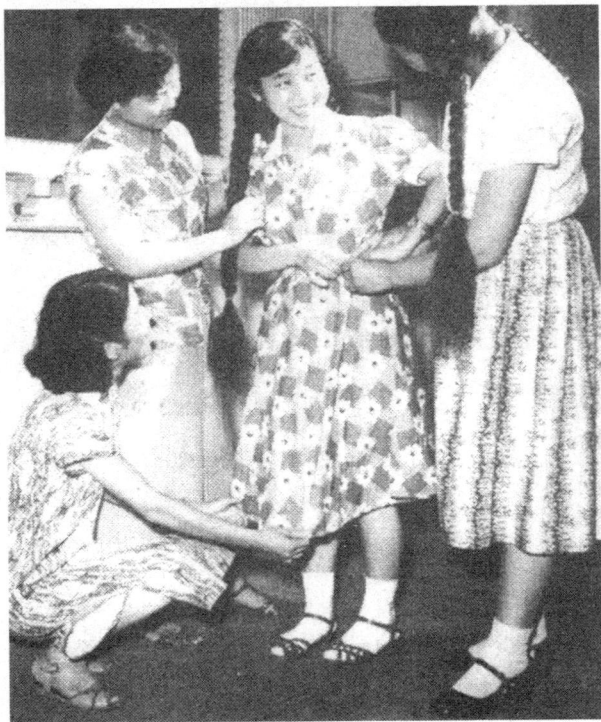

那个时期对我们影响较大的还有苏联的服饰，所谓"列宁装"就是依照列宁生前常穿的服装设计的服装，大翻领，单、双排扣，斜插袋，还可以系一条腰带。当时南京城就流传着这样的童谣："一进堂屋亮堂堂，房里摆的大花床，姑娘穿的花衣裳，小伙子穿的'列宁装'。"列宁装有男装，也有女装，而且女式列宁装更为时髦，是那个年代女干部和女学生的标志性服饰。

　　不过要说生活里没有一点色彩也不符合实际，那个时候有一种"苏联花布"传入民间社会生活，也确实给当时的服饰增添了一些色彩。一时间，家家户户，从床单、被面到窗帘……凡有用得到布料处，几乎都是俄式花布，就是用这种苏联大花布，做成了青年女子的"布拉吉"。

　　"布拉吉"是俄语"连衣裙"的音译，也是20世纪50年代最受中国人欢迎的服装。据说，布拉吉裙在中国的流行，得归功于一位苏联的领导人。这位苏联领导人来中国访问时，提出中国的服装不符合社会主义大国形象，"女性应该人人穿花衣，以体现社会主义欣欣向荣的面貌"。于是，色彩鲜艳的布拉吉成了各大中城市最亮丽的风景。在中国的许多城市，不独女子穿"布拉吉"，连男子也身着苏联大花布服饰，使朴素的中国风里充斥着浓烈的"苏维埃风尚"。

　　人们普遍崇尚工农兵的穿着打扮。那么，基于实际需要来讲，人人参加劳动，建设新中国，需要耐磨耐脏的日常服装。工装与军装的灰蓝绿自然成了最实际的流行色。当然，物质的匮乏是造成这种时尚的重要原因。纺织工业落后，人们没有太多选择，品种单一，色彩单调，这也是形成无彩服装的原因之一。而能穿上中山装和列宁服的才是人们心目中羡慕的对象。当时的服装除了原始的美化功能之外，还兼具表达政治倾向和社会主义阵营中各国之间牢不可破友谊的意识形态使命，具有极为强烈的俄罗斯色彩和革命性。

　　这就是 20 世纪 50 年代异国风情对中国风俗的一次影响。直到 20 世纪 60 年代，"布拉吉"和大花布才算收场。

瓜果之最数新疆

新疆有个葡萄沟，那里的葡萄甜蜜诱人。穿行在翠绿的葡萄架、瓜田、梨园之间，眼望累累果实，闻着阵阵瓜果香，那可真是"吐鲁番的葡萄熟了，阿娜尔汗的心儿醉了"。

夏秋时节，走遍天山南北，不论是农村还是城镇，市场上还是公路沿线，到处都是堆积如山、香甜四溢的西瓜、哈密瓜，叫卖之声不绝于耳。旅行时不用带水壶、饮料，沿路的甜瓜随时可买，既解了暑热，又洒一路香甜。抑或做客农家，屋子里又都是甜瓜成堆。内地人买瓜论个，珍藏冰箱，新疆人买瓜论麻袋，家家瓜成堆。主人盛情，以瓜代茶。

新疆是我国著名的瓜果之乡，种类繁多，品质极佳，誉满中外。新疆的瓜分甜瓜和西瓜两大类，一百多个品种。甜瓜即驰名中外的哈密瓜，在新疆已有一千多年的栽培历史。因哈密的维吾尔族封建主以此作为贡品敬献清王室而得名"哈密瓜"。我国历代古籍中对其有大量记载。哈密瓜香甜异常，营养成分十分丰富，含糖量高，铁含量比等量牛奶多十七倍，维生素的含量比西瓜多四至七倍。哈密瓜品种繁多，有圆球、卵圆、椭圆、圆筒形等多种形状的，皮色分白、黄、绿、褐诸种，肉色白、绿、橘红各异。尤受欢迎的品种有：肉质细嫩、红香脆爽的红心脆哈密瓜，肉色翠绿、醇香多汁的黑眉毛蜜极甘哈密瓜，瓜肉绿白、瓜面布满网纹的网纹香哈密瓜。新疆十三个地区和自治州都有哈密瓜种植，名产区东疆有哈密，南疆有伽师以及吐鲁番盆地的吐鲁番、鄯善和托克逊县。

西瓜是西方传入的，新疆早在汉代就已有种植，以后传入内地。新疆地处欧亚大陆腹地，日照长，积温高，温差大，气候干燥，种植西瓜得天独厚，所产西瓜个大多糖、多汁爽口。新疆西瓜还分夏瓜、冬瓜。冬瓜皮厚，耐贮藏，即使数九寒天，也可"围着火炉吃西瓜"，别有情趣。

车行戈壁绿洲，沿路买瓜吃瓜，满车厢满心怀甜蜜蜜。耳听新疆瓜果介绍，心儿早飞到吐鲁番葡萄沟。是啊，葡萄沟是一定得去的。吐鲁番盆地地处博格达山峰和觉罗塔格山峰之间，海拔低于海平面154米，夏季最高气温47℃，被称为"火洲"。《西游记》中描写的火焰山，相传就在盆地东山。出了吐鲁番城向东北郊，一条两山夹峙长达十余公里的山沟，就是驰名中外的葡萄沟了。遍山沟都是葡萄架，葱茏碧翠，据称有20万亩。进入葡萄架下，涓涓流水，枝叶遮天，暑热顿消。抬头望，一串串葡萄挂满架。弹起独塔尔，打起手鼓，一队长发辫的维吾尔族姑娘，跳起欢快的赛乃姆，艾特莱斯绸裙飞逸。翡翠珍珠葡萄含在嘴里生怕化了，甜蜜的葡萄醉意还没上来，心儿先醉了。

葡萄中的上品要数吐鲁番所产的无核白葡萄。这种葡萄果粒不大，皮薄肉嫩，汁多味甜，在国际市场上享有"珍珠"的美称。新疆葡萄中的珍品还有果粒硕长的马奶子葡萄、果粒大而圆的喀什噶尔葡萄、吐鲁番红葡萄、红色果粒的和田葡萄，等等。吐鲁番的葡萄干算是独占鳌头的一绝。吐鲁番气温高，气候干燥，制造葡萄干不是利用阳光曝晒或人工加温烘干，而是张挂在特制的四壁砌空如蜂房的"晾房"中，依靠热风自然风干。这就完全保存了葡萄中的叶绿素。国际国内市场上独具特色的吐鲁番绿葡萄干，翠绿剔透，实在爱煞人，深受顾客青睐。

库尔勒香梨，和吐鲁番的葡萄、哈密的瓜、阿图什的无花果、叶城的核桃，被誉为新疆的五宝。库尔勒香梨皮薄个大，细甜酥脆。1985年在全国水果评比会上，被认为是品质极上、无可匹敌的优良梨种而名列前茅。在港澳赢得"蜜梨"之称。库尔勒香梨畅销全国乃至海外。

无花果，花隐于囊状花托内，外观只见果而不见花，因而得名。无花果树得土即活，随地可种；大枝扦插，当年结实；果实陆续成熟，采摘供食可达三个月之久；枝干光洁，姿态美观，加上"无花而果"的特性，人们往往乐于将其培育成盆景，置于庭院。无花果不仅甜蜜芳香，而且有很高的营养价值和开胃、止痢等药用价值，被称为"大补之果"。阿图什是新疆最大的无花果产区，那里的无花果一年三次结果，实属罕见。

新疆核桃品种多，产量高，而且结实早，含油量高，个大皮薄。全国二十多个省区都曾到新疆调运核桃名种。新疆核桃的优良品种有手捏即破、可取出整仁的纸皮核桃，核桃仁饱满外露的露仁核桃，多果成串的穗状核桃。

此外，维吾尔族人最珍视的干果巴旦木，滋补健身，营养价值极高，可治疗神经衰弱、小儿佝偻等病，美国有科研单位研究证明巴旦木果仁对治疗癌症很有疗效，因而它在世界交易市场上身价陡增。新疆的杏、桃、苹果、石榴等都很有名，质佳品优，大量销往全国各地以及海外。"瓜果之乡"瓜果遍地，闻名遐迩，给人们留下强烈深刻的印象。

古老茶俗的现代转换

茶是中国特产，中华民族是世界上最先认识并植制茶叶的民族。早在4000多年以前的原始社会，传说遍尝百草的"神农"就已经发现了苦茶这种植物。史籍还有"炎帝崩于茶乡"的记述，所以把神农死的地方称做"茶乡"。那时候，人们称茶叫苦茶。1000多年以后，人们又称苦茶为"木贾"，当时《尔雅·释木》篇里很明确地把"木贾"解释为"苦茶"，这里的"茶"字就是现在的"茶"字。汉和帝永元十二年（100年），许慎在他的《说文解字》里，把"茶"解释为"苦茶"，而且说：茶，"即今之茶字"，可见，早在东汉时期，茶这种植物已经在文字上定型化了。人们一向以为唐朝才开始以茶冲饮，这是一个很大的误解。因为早于唐朝两百多年的东晋（317～420年），有位叫做郭璞的人，他在《尔雅注》里有这么一段话："今呼早采者为茶，晚取名为茗"，可见当时人们对采茶的迟早与茶质的关系已经有了相当精辟的总结。

唐上元元年（674年），竟陵（今湖北天门县）人陆羽（被后代誉为"茶圣"）开始写作我国第一部研究茶的专著《茶经》。《唐书》说这位陆羽嗜茶如命，他用了毕生的精力专心致志地探索茶的源本、植制、采造方法和工具，成为世界上第一个茶叶科学家。陆羽《茶经》的广泛流传，使茶发展为一种雅俗共赏的精神文化。茶是中国最基本的传统饮品，最富有民族性的茶文化同中华民族的物质生活史密不可分。

唐宋时期，民间饮茶之风大盛，当时人们将茶先压成团饼形，茶饼的表面上还压有龙凤等图案，称为"龙团凤饼"。饮茶时要先将团茶敲碎、碾细、细筛，置于杯盏之中，然后冲入沸水，这就是所谓的"研膏团茶点茶法"。当时无论是皇家的深宫还是一般的庙宇寺院，以及一般读书人和高人雅士还盛行举办茶宴，气氛庄重，环境雅致，礼节严格，且必用贡茶或优质茶叶，取水于名泉、清泉，选用名贵茶具。茶宴的过程有一系列繁文缛节和程序，这就是后来传到日本所形成的茶道，献茶、接茶、闻茶香、观茶色、品茶味。茶过三巡之后，便评论茶的品第，称颂主人道德，以及赏景叙情、行文作诗等等。明中叶以后，随着城市的繁荣，社会风气也发生了变化，更多人有了闲暇时光，许多人信奉"穿衣吃饭，即是人伦物理"（李贽《焚书》），也开始追求世俗爱好和个人心性。像袁宏道就在《与龚惟长先生书》中公开宣扬要"目极世间之色，耳极世间之声，身极世间之鲜，口极世间之谭"。这种阅尽人间春色的奢华风气也促进了当时社会服务业的发展，将文学家的目光引向时俗物用。所以相对于以前茶肆多出现于史料典籍，到明清时期茶馆则堂而皇之地成为众多文学故事的载体，成为多方文学高手的描绘对象。明太祖朱元璋有感于将茶叶制作成龙团凤饼，劳民伤财，于是下诏："罢造龙团，唯芽茶以进。"这里所说的芽茶也就是我们现在用的散茶叶了，人

们不必将茶先压成饼，再碾成末，而是直接在壶或盏中沏泡条形散茶，使饮茶的方式发生了重大的变革。这样的饮茶方式使人们对茶的利用简单而快捷了。人们把盏玩壶品茶，也使茶具盏、壶的制作更加精美，使茶具成为艺术。这种饮茶方式一直延续到现在。

明代茶馆不用茶鼎或茶瓶煎茶，而以沸水浇之，这种简便异常并沿用至今的饮茶方式的盛行，得益于明太祖朱元璋的细心提倡。明代苏州文人文震亨撰写的《长物志》称此："简单便异常，天趣悉备，可谓尽茶之真矣。"而"茶馆"一词，在明以前史料中几乎没有出现过。明末，张岱《陶庵梦忆》中有"崇祯癸酉，有好事者开茶馆"。此后，茶馆即成为通称。茶馆是旧时曲艺活动场所。北方的大鼓和评书，南方的弹词和评话，怡民悦众，几乎都与茶馆联系在一起。茶摊则远比茶馆朴拙得多，明末在北京出现了只有一桌几凳的简朴茶摊，于街头巷尾，摆起粗瓷碗，广卖大碗茶，它一经产生，便创造了以后响当当的北京大碗茶的招牌。清代茶馆呈现出集前代之大成的景观，不仅数量多，种类、功能皆蔚为大观。

茶文化在近代的嬗变繁复纷纭，不妨归结为两个方面来认识。

一是近代商业意识与世俗文化逐渐成为都市社会的精神主宰，并因此造成茶俗商业化、茶馆民众化和茶具世俗化的流变。讲求清幽宜人、精致雅洁的品茗环境已不复多见，无论是北方的茶馆、茶居，还是南方的茶楼、茶室，多为三教九流熙攘嚣杂的氛围所笼罩。商贩辐辏、信息集散、交易洽谈和应酬会晤的市声，湮没了浅酌细品、吟咏诗赋、洗尽心尘和凝神沉思的传统式意趣。讲究品饮、以精巧为贵的茶具也开始世俗化，盖瓷杯、茶碗甚至玻璃杯都为常用的饮器。显示茶文化嬗变的又一标志是茶馆文化从高雅向着通俗的转变，向来作为啜茗清饮时主要品鉴对象的古玩墨宝等，此时已仅存装饰摆设作用，再往后连这点地位亦遭荡然，而各式民间曲艺、游艺杂乐（如遛鸟、玩虫等）都成了茶客们消闲取娱的主要内容，并在此特定历史条件和社会环境中得到了充分的发育。

　　二是西方饮料及习俗对中国传统饮料及习俗的渗透，造成并存态势。咖啡、可可、西式果露和汽水等舶来品相继传入后，均在不同程度上为国人所接受，华资经营的咖啡馆、饮冰室和西式茶室等接连出现，且成为中上流社会成员和青年男女喜爱光顾的所在，借此休憩、交际和聚会。此外，在欧风美雨的熏染下，音乐茶座和公园露天茶室等率先于上海应运而生，影响所及，其他大中城市也相继仿效。传统饮茶风气一统天下的旧有格局已被打破，全国各地都出现了西方餐饮店和西式点心店，西式饮料成了时髦饮品，成为中国餐饮市场的一个有机组成部分。

哈萨克族的刁羊和姑娘追

哈萨克是我国新疆草原地区以游牧经济为主的民族。他们在茫茫大草原上繁衍生息，常年生活在马背上，所以男女老幼，骑术无一不精。人们常用"善骑"、"剽悍"这样的字眼儿来称赞这个民族高超的骑术和勇敢的性格。最能体现出这一点的，是哈萨克族所喜爱的两项马上游戏——刁羊和姑娘追。

哈萨克族的刁羊赛一般多在秋末冬初时举行。此时正是草原牧区的黄金季节，天高气爽，羊肥马壮，牧民们以此来庆祝一年来的丰收，激励斗志，预祝来年更加美好。

举行刁羊赛时，方圆数十公里甚至近百公里的骑手跋山涉水，蜂拥而至，云集到赛场，参赛者有时竟达上百人。四方牧民更是携家带小，驾车跨驼地赶来看热闹，一片欢乐气氛。

比赛场地一般是一块平坦而开阔的草地，一只被割了头的羔羊放在草地中央。参赛的骑手们头戴色彩鲜艳的羔皮或狐皮三叶帽，身穿绣边白衬衫，腰束镶有金属花纹装饰的皮带，脚蹬明光锃亮的长筒皮靴，手握有精致刻花的骨把马鞭，显得雄姿勃勃，非常英武。他们胯下的一匹匹高头大马也装扮一新，铜铃、红缨、银鞍、金镫……鲜艳夺目，熠熠生辉。比赛即将开始时，骑手们在草地上按规定的位置站好队列，一个个虎视眈眈，齐盯住在草地中央的那只雪白的羔羊。

刁羊开始。主持赛事者用力将羔羊高高地抛向蓝天，骑手们饿虎扑食般一拥而上，赛场上立即沸腾了。马蹄飞腾，红缨飞舞；铜铃叮当，人群呐喊。几十匹马头搅作一团，几十双手伸向羔羊，人吼马嘶，你争我抢，紧张激烈到了极点。只见一个骑手在马上一弯腰，飞快地抓住羔羊，但马上被另一骑手劈手夺走，又一骑手从斜刺里冲来，来个山鹰抓鸡之势，将羊抢在手中，于是他又成为众人追逐的目标。有时一个骑手抓住羊尾，羊脚则被另一骑手抓住，互相撕扯，各不相让，这时会有第三个骑手突然冲开二人，飞快地将羔羊卷在怀里，博得观众一片喝彩声。最后总会有一个老练的骑手夺过羔羊后，打马而走，似狂风闪电般冲出包围圈，将羔羊扔在指定地点，在一片雷鸣般的欢呼声中，成为这场刁羊赛的优胜者。

哈萨克族的刁羊赛精彩、热烈、持久而又扣人心弦，真是智慧与力量的竞争！

姑娘追（哈萨克语叫"克孜苦瓦尔"）也是流行于哈萨克草原牧区的传统民间体育活动，尤其受到男女青年们的喜爱。

姑娘追一般在节庆日子里举行。这是一项娱乐活动，也是草原上的青年男女互相结识、传递爱情的一种特殊方式。这种游戏别致有趣，具有浓烈的草原游牧民族的特色。参加活动的人分为两组，由一组选派一位姑娘，另一组选派一位年龄相当的小伙子，他们两人跨上本人所驯养的最好的骏马，并辔向规定好的目标缓缓前进。按照习俗，一路上，小伙子可以任意向姑娘表达爱慕之意，说各种俏皮话，甚至可以拉手接吻，姑娘不能有任何反对的表示。可一到了指定的地点后，姑娘就有权用鞭子追打小伙子，小伙子不得还手。因此，小伙子就要赶紧拨马往回跑，这时姑娘就放马猛追，如果追不上，就算小伙子获胜。可一旦被姑娘追上了，她会揪住小伙子的衣襟，用鞭子在他头顶上频频打圈，此时小伙子缩头缩脸，趴在马脖子上，一付狼狈相。倘若刚才的俏皮话说过了头，小伙子可要大吃苦头了，姑娘的皮鞭会重重地打在他背上，作为"回敬"。假如姑娘对小伙子有情有意，那就是另一回事了。她即使追上了，也只是用鞭子在他头上虚晃几下，或是轻轻地打在他背上。有一首哈萨克民歌描述出这种绵绵情意：

我骑上雪青马奔过牧场，

你骑上枣红马紧追我身旁。

我的马儿比鸟快呵，

却跑不过心爱的姑娘。

我输了，请举起皮鞭任你抽打，

热流会暖遍我心房。

哟！怎么高举的鞭子轻轻落下，

这缠绵的鞭子一直使我留恋难忘。

姑娘追这种哈萨克人的马上娱乐活动，炽热、奔放、饶有情趣，带有浓郁的草原游牧民族的风情与特色。

普米族的歌婚

"歌婚"是云南兰坪和淮西等地区普米族的一种婚俗。普米族是能歌善舞的民族，歌在人民群众生活中占有重要的地位。他们的婚礼自始至终都是在歌声中进行的，在举行婚礼的前夜，新娘家的亲友聚在一起，大家一边喝酒，一边听新娘同她兄长对唱《出嫁歌》。第二天清晨，待新娘梳妆完毕，亲友中的歌手高唱《梳妆调》，用优美的歌词赞颂新娘。当迎亲队伍到达新娘家，双方要对唱《认亲调》，对答合意，才让迎亲的人们进入大棚喝茶。此时，新娘家的门紧关着，新娘躲在屋内，其亲友用歌提出种种质问，新郎都要一一答唱，只有对答如流，方可开门。迎亲的人们进入家门，首先要将送给新娘的一串珠子挂在房屋正中的擎天柱上，接着歌手们高唱《擎天柱歌》，赞美郎舅家的住房。此后，迎亲的人们分坐桌子两边，桌子上摆满酒肉和各种水果。男方的歌手须唱《果碟调》，把桌子上摆放的所有水果都唱一遍，才开始吃喝。这以后，新娘的弟弟把新娘从屋子里背出来，歌手在唢呐的伴奏下，唱起《离娘调》，叙述新娘与母亲难舍难分的心情。临行前，饮了上马酒，送亲的人围成一圈，唱起《上马调》，欢送新娘登程。新娘走后，媒人被女方家扣押下来，锁在一间房里，房外有两位姑娘把守，房里一位歌手用各种歌考问媒人，如果媒人善于唱歌，能够巧妙对答，门外把守的姑娘便开锁让媒人去追赶新娘和迎亲的队伍。反之，便要加倍罚歌。

新娘到达男方的村子里，歌手们唱完《下马调》，才允许新娘下马。当走到新郎家门口，大家首先要唱《开门调》，几经对答，婚礼主持人才把门打开，举行婚礼仪式。此后，摆开酒席，宴请宾客。这时歌手们又唱起《聚会调》，赞美这个热闹喜庆的日子。宴会上，男方家的人要同女方送亲的人"讨歌"，男方提出种种问题，女方对答，如果对答不上就要罚酒，直至喝得酩酊大醉，才算婚礼办得圆满。

哭嫁歌

我国不少民族都有哭嫁的习俗。过去，彝族姑娘出嫁时，通常要哭十几场，临出嫁前夕在闺房与姊妹们行哭礼，发亲时哭着告别父母乡亲。壮族新娘在迎娶的花轿到时，按固定的形式哭嫁，诉说父母养育之苦，表达离别之情。布依族新娘梳妆完毕，即同家人和伙伴哭别，感人至深。撒拉族结婚当天，新郎前往女家迎娶，请阿訇念合婚经时，新娘即大哭，吟唱哭嫁歌，缓缓步出大门。畲族姑娘出嫁前三五天开始哭嫁，直到出嫁这天，边哭边唱，辞别父母兄弟，情深意切。土家族哭嫁尤有特色，一般要哭数天，多则一两个月；陪哭人多，群体性地对哭对唱；哭嫁歌有二十多个部分，既有口传的固定歌词，又有即兴编唱的，是一部风情浓郁的抒情长诗，内容十分丰富。

土家族姑娘长到十二三岁，就开始学习哭嫁。或在饭后稍闲、劳作小憩时由会哭嫁的长者示范教唱；或者姊妹们相聚一起边做针工边轻轻哼唱练习。远近寨上每有大姑娘临婚哭嫁，更是姊妹们见习的好机会，一送别，二学哭，在哭嫁中学习哭嫁。土家人把是否会唱哭嫁歌作为衡量女子才智德能的重要标准，认为嫁姑娘开了哭才体面，唱哭嫁歌热闹吉利，兴旺发达。哭嫁有离别的悲伤，也有祝福和娱乐。

哭嫁歌的序曲为"哭开声"。一般由新娘长辈中福寿双全的老太太开哭，然后就是母女对哭。"山歌好唱难起头"，"女儿出嫁怕开声"，既开了场，以后的戏就好唱，各种角色上场，高潮迭起。

哭嫁歌的第一层包括"哭爹娘"、"哭哥嫂"、"别姊妹"、"哭众亲友"等项。"哭爹娘"项，一般是母女对哭，凄楚动人，内容最为丰富，有的连哭几天而不重复词句。女儿要出嫁，要离别生养自己的父母和熟悉的山寨，去重新组织生活，叙说爹娘的养育之恩，倾诉深深的离别之情。母亲叮嘱女儿处世之道，表达痛爱之情，如：

> 我的崽啊，（那）风筝放到（嘛）半天（的）云（啦），
>
> （他）脚下（嘛）连着（啦）线一（的）根（啦）。
>
> 儿行（是）千里（嘛）母疼（的）爱（啦），
>
> 我崽（是）连到（啦）娘的（啦）心（啊）。

"别姊妹"项角色众多，时间较长，堂姊妹、表姊妹、乡邻好友都来，有独唱、对唱、联唱、多重唱，哀哀怨怨，难舍难分，回忆少年美好时光，哭唱离别后的思念。新娘哭道：

> 橘子好吃要分瓣，姊妹好玩要分散。
>
> 追追打打上山去，嘻嘻哈哈回家转。
>
> 灯下呼呼打鞋底，悄悄话儿有几担。
>
> ……
>
> 今晚姊妹陪伴我，明朝花轿抬过堂。
>
> 姊妹几时再相会，天高路远望断肠。

第二层是"骂媒人"。旧时媒人是封建包办婚姻的牵线人，花言巧语，四处游说。到"骂媒人"这一段，新嫁娘的感情由悲伤转为愤懑，由低声泣唱变为大声斥责，表达了对封建包办婚姻的强烈抗议。虽然有的媒人牵线搭桥，并不是包办而是当中间介绍人，新娘受习俗的约束，也还是哭唱几段"骂媒人"以显示口才。

第三层是几项婚姻礼仪。临嫁时，长辈为新娘除去脸上的毫毛，将眉毛扯细，将头发上梳打成发髻，标志少女生活的结束与少妇生活

的开始,这叫"开脸"。边梳妆打扮边哭唱有关内容,叫做"哭开脸"。接着,新娘辞别祖宗,哭拜亲人,这叫做"辞祖"。最后是发亲,姑娘在结束娘家生活的最后时刻,别情依依,深情哭唱,这是"哭上轿",是哭嫁歌的尾声。

　　土家族早期的婚姻是比较自由的,男女双方自由恋爱,以歌为媒,倾诉爱情,哭嫁歌产生较早。后来男女青年婚配需服从"父母之命"、"媒妁之言",自由婚姻逐渐为买卖婚姻、包办婚姻所代替。哭嫁歌中就增加了一些揭露、控诉封建包办婚姻的内容,感情更强烈。新社会,男女平等,婚姻自由,哭嫁的习俗仍然保持了很长一段时间;即使自由恋爱,没有媒人了,哭嫁歌的诸如"骂媒人"的程式还继续哭唱着。随着时代的前进、社会的变化,土家山乡的婚事都新事新办了,哭嫁的时间渐次趋短,程序趋于简单,有些地方不唱哭嫁歌了,有的还部分保留着。哭嫁歌这份历史文化遗产具有社会、历史、文学、艺术、民俗等多方面的价值。

日渐式微的传统婚俗

近代中国社会婚姻变革的前奏曲，最迟到清末维新时期才刚刚吹响，它比民众生活其他领域的变革要显得更加艰难的原因，在于这块传统领地由礼、俗、法相一致而形成的极端顽固性。

中国传统的婚姻模式是"父母之命，媒妁之言"，这个婚俗已经传承了几千年。男婚女嫁，嫁娶习俗从来讲究门当户对，传统婚俗繁文缛节，讲究排场，带有浓厚的封建色彩。清朝末年，婚礼形式略有简化，但大体还是要经过问婚、送庚、定亲、行聘、迎嫁等程序，包办婚姻、一夫多妻、抱童养媳等封建婚姻形式仍然存在。19世纪末"中日甲午战争"结束，给中国思想文化界造成强烈刺激，从而为婚姻变革的起步提供了契机。以康有为、梁启超为代表的维新派对传统婚姻提出反思和怀疑。如康有为在其《大同书》中指出，既然男女一样为人，则女子在婚姻关系结成和存在中的不自主不自由是不合理的。梁启超发表《禁早婚议》，认为早婚对种族的贻害无穷，是中国弱于天下的弊端之一。严复在其译著《孟德斯鸠法意》的按语中抨击了封建贞操观念对妇女的压迫，指出既然女子在婚姻中没有自择权，自然也就没有必要拿自己的终身做出牺牲。这以后，鼓吹推翻封建制度的革命派更从愈加深广的意义上对传统的婚姻开展全面的批判，如陈王的《论婚礼之弊》、燕斌的《中国婚俗五大弊说》、唐群英的《婚姻改良论》等，从制度、礼仪、习俗等几个方面对传统婚姻与封建统治的关系做出剖析及必须冲破这个网罗的结论。金一在《女界钟》这本具有较大影响的书里，把婚姻自由列为妇女应当恢复的六种权利之一。

中国的传统婚礼通过儿女婚礼这种形式，不仅将儿女双方家族联结起来，发展了家族的交往，巩固了一个家族内部的关系，并可以利用这样喜庆的机会，化解既存的矛盾，对封建大家庭的稳固起了很重

要的作用。然而，其弊端也是很明显的，婚姻由父母包办，扼杀了青年男女的独立人格；父母注重门第、财产等因素，常常忽略了作为婚姻基础的男女感情，从而使婚姻缺乏必要的感情基础，婚姻当事人往往成为婚姻的牺牲品。当时，维新派和革命派在批判传统婚姻的同时，都注重对西方婚姻制度的介绍。其他诸如租界文化的效应，留洋学生的直接观察和感受，也为欧风美雨于婚姻观念和习俗的熏染发生作用。大多数的青年即便不是从理性上去深刻辨识封建婚姻的种种危害，也从切身感受上获取了自由择偶恋爱、自由结合或离异等西方文明的极大鼓舞。

同样重要的是，先进的近代工业生产方式在中国这片古老土地上的发生和发展，特别是它在社会生活领域各方面的展示，如交通电讯的进步，人际交往的拓宽，新式教育的推行，公众场合的激增及服饰饮食、居行器用等物质生活内容的更新等，也是近代中国婚姻走向变革的更加深层的原因。

传统婚俗在晚清时期的变动主要表现为：近代以后，各地尤其是通商大埠，传统的宗族集居模式发生了变化，使宗族与宗法制度的基础失去了存在的根基，男女接受教育的普及和提高，加上西方文化和制度的传入，传统的婚姻制度因失去了其社会和文化的背景而渐渐不成制度，新的婚姻形式逐渐出现并蔚然成风。向来由祖父母、父母或兄长把持的主婚权逐渐下移，婚姻当事人的个人意愿开始得到尊重。这一方面是因为新式报刊鼓吹的自由平等学说给青年人以启示和鼓舞；另一方面，部分比较开明的家长也自觉或不自觉地接受了民主空气的熏染。这是婚姻程序的变动，现存的封建婚姻关系遭到程度不同的冲击。相当一部分追求个性解放的青年（尤其以去欧美、日本游历或留学者为多）打破家长制强加的羁绊，按个人意志做出新的选择。此外，还有很多人通过表现形式不同的个人抗争，迫使家长解除了依父母之命媒妁之言而缔结的婚约。这是婚姻制度的变动。

　　例如，由于西方人在中国许多城市大量开厂，增加了许多青年男女的就业机会，大量农业劳动力涌入城市，许多妇女走出家庭，到工厂上班，男女接触的机会多了。传统婚姻制度受冲击，但新的婚姻制度尚未建立。缺少公证和见证的婚姻往往不牢固、不可靠，离婚、赖婚、逃婚成为严重的社会问题。时人作诗云："结婚而后又离婚，覆雨翻云不惮烦。一自欧风东渐后，茫茫情海起波澜。"

　　晚清时期传统婚姻变革的实行者主要是新式工商业经营者、新型知识分子和部分士绅阶级中的开明分子，实行这种变革的舞台主要建筑于通商口岸和大中城市，有的甚至远在海外。比较近代化意义上的新婚姻观，也只是在一部分先进的青年知识分子中间萌发与形成，更多的则是追求时新潮流。而在广大的内地与农村地区，几乎没有什么变化。

晚清传统婚姻习俗变动有限的主要原因，首先在于守旧势力十分敏感和顽固。他们抱定男女大防、夫妇纲常等教条，痛斥自由择偶等观念为教人淫乱的祸害。也有相当一部分民众，出于对殖民者的愤慨和对民族文化传统的尊崇维护，也成为婚姻改革的积极否定者。清政府对新式婚姻的严厉禁止和压迫是婚姻变革推行艰难的政治障碍。清政府在 1907 年正式颁布的《女子师范学堂章程》中专门加了一条特殊规定，凡鼓吹或实行男女自由交往与择配者，一律严加惩处。换句话说，女学之禁可开，而婚禁万万不可开启。

然而，潮流既开，岂是奄奄一息的腐朽王朝所能阻挡的？

丧歌丧舞自多情

土家族的丧俗很特别，至今仍然沿袭自然古朴的风俗。村寨里每有老人去世，歌手们相聚灵堂，击鼓踏歌，热热闹闹三个通宵陪亡人，送他离别这个忙碌的世界。

有生必有死，人生百年最终都难免离别人世间，这是不可抗拒的自然客观规律。土家人认为，老年人去世，虽不免悲痛，却是白喜事。"人死众家丧，一打丧鼓二帮忙"，众多乡邻和亲戚朋友都到灵堂告别亡人，吊唁伴灵，慰问家属。

丧鼓歌分"坐丧"和"跳丧"两种形式。"坐丧"就是围坐击鼓唱歌；"跳丧"便是在灵堂且歌且舞。跳丧时一人击鼓指挥，众人成组对跳，有：踩升子底、走平行四边形的"四大步"；以下蹲、挽手花动作为主的"风夹雪"；优美抒情的"凤凰闪翅"；动作激烈，纵、跳、踢、打结合的"武打丧"等等。各种舞蹈套式中，有"犀牛望月"、"观音坐莲"、"蜻蜓点水"、"岩鹰展翅"等摹拟动作和舞蹈姿式造型，动作均衡协调，优美舒展。有的地区至今"坐丧"、"跳丧"两种形式并存；有的地方现在则只流行击鼓唱歌的坐丧。

夜幕降临，丧歌开场。灵堂前，歌手们围着火塘团团坐定。掌坛师手执皮鼓，一边击鼓一边吟唱，祭奠亡者，安慰家属：

> 一进孝堂眼泪来，孝男孝女好悲哀。
>
> 哪晓春花不常开，谁知青松也有衰。
>
> 只因亡人功果大，玉女接去赴瑶台。

皮鼓逆时针方向往下传，歌手们一个个击鼓即兴编唱，先拜会各路歌手，迎接四方来宾，慰问死者家属，接着就编唱死者的生平事迹，歌吟一首首长篇叙事诗，一篇篇悼念词，唱他（她）的一生勤劳节俭、急人危难、济贫帮困、修桥补路等等。从亡者的离去，唱到家人亲朋的悲哀，伤别离，寄哀思。

接下来，歌手们根据死者的年龄、身份，分别编唱一些典故，如刘备托孤、徐母修书、李逵接母、董郎尽孝、屈原投江、土家族英雄洛蒙挫托故事、匠帅拔佩故事，等等。每人唱上几分钟至半个小时不等。

丧鼓歌是一种悼念活动，也是一种文化活动，乐神娱人，可歌可泣。歌手们以歌悼念亡者，慰问家属，为灵堂添些热闹；也以歌会友，以歌交谈，摆古叙今，谈论世事。年轻的初学者往往顾及到编唱词而击乱了鼓点，注意击鼓又编错了唱词，难以做到手、口、脑的协调。没有现成的歌本子，即使有也得背下来，丧鼓歌没有照着本子唱的。越是学到将会要会而又不太熟悉的时候越是着迷，白天干农活，晚上熬通宵，天亮时稍稍打个盹，照样爬到高坡上顶着烈日薅草，脑子里琢磨着晚上赛歌的对策，工休时树荫下练嗓子，收工路上敲着锄板当鼓边走边唱。歌场上，有的搬生僻典故难为人，有的憋韵脚，选一些窄韵的句子。唱得好的受到人赞赏。如果唱走了韵，或弄错了典故，别人就会编唱歌句嘲笑，这就发生竞唱、论争。皮鼓只有一个，本应顺序往下传，拿到鼓才有发言权。有人迫不及待越过几人去抢鼓，那边抱定皮鼓接着唱。鼓点时而激越时而舒缓，歌声时而缠绵深情时而高腔激昂。灵堂热闹，正是家属所期望的，最忌讳冷冷清清。歌会直到东方发白才息鼓收场，各自去忙农活，查资料忙备歌，以迎接日落西山后下一个晚上的丧歌高潮。

土家族聚居区处于古代的巴楚地。土家族的先民古代巴人的文化习俗渗透到楚文化中甚至更广。昔屈原记录整理《九歌》、《国殇》篇以歌代哭，祭奠阵亡将士。庄子"鼓盆而歌"悼亡妻，无为而乐，就是受到巴楚丧葬习俗的影响。文学家们记载了巴楚古俗，宏篇传千古。巴楚沅湘古老风俗经口传心授民间渠道世代传承。

赫哲族与鱼

赫哲族居住在黑龙江、松花江、乌苏里江三江流域，是我国北方唯一以捕鱼为主要生产方式的民族。赫哲族的劳动、衣着、饮食与鱼关系密切。

赫哲人世代居住的三江沃野，江流奔腾，林木葱茏，自古以来就是丰厚的天然渔场和逐猎之地。江中盛产闻名国内外的大马哈鱼（鲑鱼）、鳇鱼和俗称"三花五罗"的鳌花、鳊花、鲫花、哲罗、发罗等多种名贵鱼。林海雪原中栖息着丹顶鹤、东北虎、水獭、黑熊、紫貂等多种珍禽异兽。人们常用"棒打獐子瓢舀鱼，野鸡飞到饭锅里"来形容那里的富庶。

赫哲族中除一部分人从事农业、狩猎生产以外，主要从事渔业生产。赫哲人在长期的渔业生产中练就了一套过硬的捕鱼技巧，他们有娴熟的叉鱼技术，能根据在水中游动激起的波纹，识别出鱼的种类，并决定怎样用叉。他们叉鱼迅速而又准确，几乎百叉百中。赫哲人钩捕的方法多种多样，使用的钩有十数种。在水深流急的陡滩用一锚形甩钩钓大鱼，用拴上狍子尾巴白毛的毛毛钩钓白鱼，用五六把铅做成小鱼的撅达钩钓起鱼来更是快速高效。春季鱼汛期间，狗鱼、大鳇鱼等随着开江的冰排顺流到稳水涡子里，正是捕鱼的好季节，有时一网就上千斤。每年"白露"前，大玛哈鱼成群溯上黑龙江中游产卵。每到这时，渔民们忙赶鱼汛，白天，网丝飞舞，银鱼满舱；夜晚，满江渔火，渔歌互答，一片繁忙的北国渔乡情趣。

最有特色的是冬季捕鱼。三江水面封江半年，结冰一米多厚。赫哲人在冰面上凿一个面盆大小的冰眼，手拿短棍，长线前端系着金属小鱼，轻轻抖动小鱼，就能钓到大鱼。坐冬库的方法更独特，在冰面造一座圆锥形草房，在房中凿一个直径一米的冰眼，关严房门，内暗外亮，渔民蹲伏冰眼旁，举叉得鱼。较大规模的冬季捕鱼，是在冰面上打两排冰眼，撒下网，十几个人唱着号子拉大网，场面壮观豪迈，充满丰收的喜悦。

赫哲人早年穿的服装，主要是鱼皮衣裤。妇女的鱼皮上衣，袖子肥而短，只有领窝，没有衣领，腰身稍窄，身长过膝，下身肥大。青年妇女的衣服，往往将一块鱼皮剪成鱼形或花边云纹，染成红、蓝、黑等色，镶在衣边上。鱼皮套裤有男女两种，女人穿的是一种斜口的，裤脚上绣有各色花纹；男人穿的上端齐口，裤脚下沿镶黑边。这种鱼皮套裤，冬天穿上狩猎可以抗寒耐磨，春秋穿上捕鱼可以防水护膝。鱼皮"靰鞡"是赫哲人爱穿的一种御寒鞋，轻便、保温、隔潮，走在冰道雪地上不打滑。制做鱼皮衣服和鞋的方法是，先将大鱼皮完整剥下，晾干，去鳞，再用手搓揉或用木槌将鱼皮熟好，拼缝成大张，裁剪，最后以鱼皮线缝制而成。

赫哲族以前以鱼、兽肉为主食，后来逐渐以粮食为主。日常吃新鲜的鱼、肉，多余的鲜鱼或换购粮食或加工贮存。加工的方法主要有晒鱼干、烤鱼干、炸鱼块、炒鱼毛等。烤鱼干，赫哲语叫"稍鲁"，烤熟的"稍鲁"香酥可口，常给小孩当点心吃。炒鱼毛酥脆喷香，长期储存不变质，味道比一般的鱼松好。赫哲族的"刹生鱼"是一道独具风味的名菜。刹生鱼有几种吃法，一是剔下生鱼肉切成细丝，拌上姜、葱、盐和醋即吃的拌菜生鱼；二是削下鱼肉切成薄片，直接用盐和醋蘸着吃的生鱼片；再就是将冻鱼去皮后刨成薄片，马上蘸醋、盐和辣椒油吃，既凉爽又香脆，这叫吃刨花，最有意味的是吃"塌拉哈"，将鲜鱼切成薄片，用柳条串好，在火堆上燎烤，到三四分熟，即蘸盐末吃。千里冰封，渔滩上篝火熊熊，映照着一张张黑红的脸盘，一边烤鱼饮酒，一边唱着神奇的伊玛堪（说唱民歌），使人陶醉在脆生生香喷喷的浓郁的北国渔乡风情中。

少数民族姓名的特点

中国是一个多民族的国家，各民族的姓名制度形式繁多，内容丰富。少数民族在姓名方面与汉族相比具有许多特点，如我国很多少数民族姓和名不相连，北方的少数民族满族、赫哲族、锡伯族、鄂温克族、达斡尔族、鄂伦春族、蒙古族、裕固族，从历史上就称名不道姓，姓和名不连用，称呼也是分开的。他们主要以氏族（哈拉、莫昆）或部族的名称为姓，因此姓是多音节的，一个姓由好几个字组成。如满族皇帝的姓为爱新觉罗；元朝蒙古皇帝的姓是孛儿只斤。还有一些民族的姓显得并不重要，如土家族，姓的出现比较晚，因为同姓同宗住在一个村，互相只叫名不叫姓。如果把姓和名连起来被认为是不亲热不友好的表示。也有一些少数民族姓是变化的，例如纳西族，往往以家名为姓，因住家是变动的，姓也就不能稳定，与此情况相似的有藏族、门巴族，他们以房名为姓，只要盖新房，住进新房以后姓也就随着改变了。景颇族的姓，还存在着大姓和小姓的区别。大姓有 26 个，随着氏族和家庭的分化又分出了 300 个小姓，大姓和小姓常常连用，小姓在前大姓在后，连用时大姓只取词根部分，省去词头部分，如小姓"格涛"大姓"恩昆"，连起来的姓为"格涛昆"。

少数民族的名字也有许多特点，如赫哲族过去生孩子不立即取名，把新生的男婴都叫"初初"，女婴都叫"莫士"，当孩子长到六七岁时才正式取名。壮族，最早的先人并不命名，以孩子出生先后的排行相称，红水河中游的壮族，为刚出生到一岁半的婴儿起乳名时，习惯上对男婴的乳名前冠"特"音；在女婴乳名前冠"达"音，一直用到成年。在成年时，同辈的称呼是：对男的名前冠哥；女的名前冠姐。在瑶族中的盘瑶的乳名很简单，男孩称"特"，后面加顺序数，叫"特称"（老大），"特耐"（老二），"特法"（老三）等；女孩称"梅"（即妹），后面加顺序数"梅特"（大妹），"梅耐"（二妹），"梅法"（三妹）等。侗族，不同时期有不同的名字，表示人生的不同阶段。如一个人出世后，取名叫"亮"，这是幼年到青年时期的名字。到结婚生第一个孩子，如果孩子取名叫"成"，寨上的人就不再叫他"亮"，而叫他为"甫成"了，这甫即父，以子名盖父名。这就是青年到中年时期的名字。等其子长大成人结婚生子后，如果孙子起名叫"㟆"，寨上的人又尊称"亮"为"公㟆"，以孙名盖公名，这是中年到老年时期的名字。"㟆"长大结婚生子后，如果孩子叫"雅"，寨上的人自然地尊称亮为"芒雅"，以曾孙名盖曾祖名，这就是老年时期的名字。这就是人生的四个阶段，原来的名字就在这阶段中逐渐消失，不同辈的人就很难知道原来的名字。

许多少数民族还有连名制，而连名的形式也是各种各样的，有母女连名、父子连名、舅甥连名、夫妻连名等。高山族阿眉斯族群就有母女连名，某人诞生后取名叫"芭奈"（稻子），母亲名叫"利欣"（收割祭），这样名字的全称为"芭奈·利欣"。后续的"利欣"在母系社会里不仅表明"芭奈"的生身母亲，而且是属世系的标记。苗族中有"正推顺连法"的父子连名制，如父名"浪巴"，儿子名"巴安"，孙子名"安文"，以此类推。另一种为"逆推反连法"，如送当——娘送——供娘——原供，文厚——孟文——朗孟——远朗。贵州省台江县有三代连名的父子连名制为：吉记保——羊吉记——木羊吉——公木羊——勇公木——记勇公——相记勇——赖相记——缴赖相……母女连名制到母子连名制向父子连名制过渡，就出现舅甥连名制。如怒族非婚生子女要留在舅父家里，给孩子起名时与舅父连名，如人名"充付标"，"充"是舅名，"付标"是本名即甥名。氏族连名制，在高山族中，以本名后面连上氏族名称，例如布嫩人"巴图·达洛浸"，"巴图"（意为石头）是本名，"达洛浸"是氏族名。如朱欧人的名字"雅白·尼雅布依雅那"，"雅白"是本名，"尼雅布依雅那"是氏族名。父子重名制，如白族，有父名子名世代相重一字的命名制度，例段智祥——段祥兴——段兴智。还有同一辈分的人用同一字表示，在苗族中用 10 个（朝庭恩光治、平文安家邦）或 20（在朝起大德，光门程天锡，伦常隐百世，立正可以必）个排定的字取名，从中可以看出这个人是哪一代人，区分是长辈和晚辈。从以上所例，可以看出少数民族的姓名具有很多特点，但后来逐渐受到汉族的影响，发生了一系列的变化。

西藏著名的三大寺

藏传佛教的寺院很多，遍立于整个藏区。据乾隆二年（1737 年）七世达赖喇嘛格桑嘉措申报理藩院的数字："达赖所属寺院 3150 座，僧侣 302560 人；班禅所属寺院 327 座，僧侣 13670 人。"如果把格鲁派以外的各教派所属寺院和僧侣加起来，将远远超过以上的数字。这些大大小小的寺院都是劳动人民智慧的结晶，巍峨的殿堂，灿烂的楼阁，五光十色，金碧辉煌，装点着西藏广阔的山川平原。这些寺院不仅是佛教的圣地，而且也是当地文化、政治、交通和贸易的中心。其中在西藏拉萨的东郊、北郊、西郊有三座规模宏伟的佛教寺院，那就是举世闻名的甘丹寺、哲蚌寺、色拉寺，简称为三大寺。这三座寺院原是藏传佛教格鲁派的祖师宗喀巴及他的弟子们所创建的。按照规定的编制，三大寺的住寺僧人分别为：甘丹寺 3300 人，色拉寺 5500 人，哲蚌寺 7700 人。实际上各寺僧人人数往往超出这个编制。除班禅系统之外，凡格鲁派有地位的喇嘛，无不隶属于这些寺院；藏区各地的格鲁派寺院，无论远近，不分大小，无不与三大寺发生一定的隶属关系。

甘丹寺位于拉萨东郊的旺波尔山中，海拔 3800 米。有人说，旺波尔山像一头卧着的大象，甘丹寺恰好建在大象的背上。藏族认为，大象是吉祥的象征，也是佛家推崇的国政七宝之一，"国有七宝而兴旺"。又有人说，旺波尔山为王后岭，远远望去，像仁慈的度母，把甘丹寺紧紧抱在怀中。优美动人的传说，增添了甘丹寺的神秘色彩。

甘丹寺，藏语意为"具喜寺"或"极乐寺"。公元 1409 年，由藏传佛教格鲁派的创始人宗喀巴兴建，为格鲁派的第一座寺院。金寺由喇吉大殿、阳八井经院、赤多康及佛堂僧舍 50 多个建筑群组成，群楼重迭，气势雄伟。甘丹寺的组织机构分为喇吉、扎仓、康村三级管理。喇吉是全寺的最高管理委员会，主要负责全寺政教日常事务和组织全寺性的大法会；扎仓是全寺的教育单位，相当于教育学院，主要负责学经、辩经以及考取格西学位等项事务；康村是管理僧人的基层组织，具体负责康村内僧众的学习、生活、财务等事宜。甘丹寺共有 23 个康村，其中绛仔扎仓有 12 个康村，夏仔扎仓有 11 个康村。每年藏历十月二十四日甘丹寺要举行晒大佛的宗教活动。此日早晨，数百名僧人排成几十米的长蛇阵，抬着一个巨大的布卷来到阳八井经院。这时经声阵阵，法号长鸣，一幅宽 10 米、高 20 多米的缎制释迦牟尼佛像展现在人们的眼前，簇拥在四周成千上万的僧俗人众，双手合十，念经祈祷，纷纷向释迦牟尼像敬献哈达。

　　哲蚌寺于公元 1416 年由宗喀巴大师的弟子绛央典杰创建。寺院由于以白色为主的建筑群在山坳中错落重叠，远远望去犹如米堆，故名哲蚌寺，藏语意为"堆米寺"。整个寺院占地面积 25 万平方米，沿着山坡逐层建造，殿宇层叠，群楼耸峙，规模宏大。每当人们进入这座寺院，都被它的巨大所震撼，大得叫人惊叹叫绝，大得让人扑朔迷离，分不清东南西北，可谓世界上最大的佛教寺院。全寺分罗赛林、果芒、德央、阿巴四个扎仓，下属 80 个康村。主要建筑有措钦大殿、噶丹颇章（宫）、扎仓及康村的僧舍等。措钦大殿外部采用金顶、相轮、宝幢等装饰，具有藏族宗教建筑艺术的特色；内部有 183 根明柱，近 2000

平方米，一次可容 9000 名僧人诵经。寺内还收藏有大量藏族历史文献典籍以及明、清历代皇帝赐给西藏领袖人物的佛像、文物等。

色拉寺于公元 1419 年，由宗喀巴大师的弟子大慈法王释迦也失主持兴建。寺内有措钦大殿、麦巴扎仓、结巴扎仓、阿巴扎仓以及 30 个康村。色拉寺的创建者释迦也失曾去过内地两次。第一次是在公元 1409 年，明成祖派专使召请宗喀巴大师赴京传法，宗喀巴因年迈体弱未能前往，于是委派其弟子释迦也失前去。释迦也失到京后，受到明中央政府的盛大欢迎，并受封为"大国师"。返藏时，明成祖赐给他大批礼品。色拉寺建成后，释迦也失又一次赴京，并到蒙古、四川、青海、甘肃、陕西、五台山等地建寺传教。明宣宗封他为"大慈法王"。寺内至今完好无损地保存有释迦也失从北京带回的金汁书写的《大般若经》和藏文版《大藏经》，用白檀香木雕刻的十六尊者塑像，金汁画成的释迦牟尼转正法轮的卷轴画，用缂丝织成的一幅大慈法王像，还有许多明永乐年间制造的佛像、法器、供器、瓷器等珍品。

解放后，三大寺被列为西藏自治区和国家重点文物保护单位，成为中外佛教徒朝拜和旅游者们参观游览的胜地。

达赖、班禅称号的由来

达赖和班禅是藏传佛教格鲁派中两个最大的活佛转世系统的称号。达赖喇嘛这个称号始于明万历六年（1578年）。是年，土默特部首领俺答汗邀请格鲁派领袖索南嘉措到青海、内蒙古地区传教。会见以后，俺答汗赠送给索南嘉措"圣识一切瓦齐尔达喇达赖喇嘛"的尊号。"圣"在佛教里表示超出世间的意思；"识一切"是藏传佛教对在显宗方面取得最高成就的僧人之尊称；"瓦齐尔达喇"是梵文的音译，意为执金刚，这是藏传佛教对于在密宗方面取得最高成就的僧人之尊称；"达赖"是蒙语大海的意思；"喇嘛"是藏语上师的意思。这个尊号的全部意思是说索南嘉措在显教、密教两方面都修到了最高程度，是一位超凡入圣，学问渊博，犹如大海那样的大师。从此索南嘉措这一转世系统就用达赖这一名号，并成了固定的活佛名号。索南嘉措是第三世达赖喇嘛，第一世和第二世达赖喇嘛是后来追认的。

1652年五世达赖喇嘛在顺治帝的邀请下到达北京。当五世达赖喇嘛到达北京城郊时，清朝有意安排顺治帝去南苑打猎，使他们在不拘礼节的形式下相会。五世达赖喇嘛住在特为他修建的黄寺里面，顺治帝在太和殿设宴为达赖洗尘。次年，五世达赖喇嘛离京返藏前，顺治帝赠送给他大量的礼品和金银，并亲赴南苑，于德寿寺内设宴为达赖饯行。达赖行至代噶地方（今内蒙古自治区凉城县）时，顺治帝又派礼部尚书和理藩院侍郎专程送去满、汉、藏、蒙四种文字的金册金印，册封他为"西天大善自在佛所领天下释教普通瓦赤喇怛喇达赖喇嘛"。当时册封的金册金印一直保存到现在,在中国历史博物馆内还有复制品展出。

"西天大善自在佛所领天下释教"的封号在明永乐帝册封噶玛噶举黑帽系第五世活佛得新谢巴为大宝法王时,就已经使用过,顺治帝只是多加了一个"所"字。这个"所"字在藏文封号中的意思是"在很大范围内"。可见清朝认为达赖喇嘛并不管理全中国的佛教事务,而是管辖一个很大范围内的佛教事务,实际上是指蒙古、西藏等信奉藏传佛教地区的佛教事务。"普通瓦赤喇怛喇达赖喇嘛"是沿用了俺答汗赠给三世达赖喇嘛的全部尊号,其中"普通"即是"识一切","瓦赤喇怛喇"即是"瓦齐尔达喇"。至此,"达赖喇嘛"这一封号及其在西藏政治和宗教上的地位才正式确定下来,而且以后历世达赖喇嘛的转世,必须经过中央政府的册封,成为定制。今逃亡到印度的达赖喇嘛丹增嘉措为第十四世。

班禅额尔德尼是梵语、藏语和满语的合称。"班"是梵文"班智达"的简称,意为学者;"禅"是藏语"钦波"的简称,意为大。二者合起来意为大学者。"额尔德尼"是满语,相当于藏语的"仁波且",即对喇嘛活佛的敬称。

班禅称号的出现,也是有它的历史原因的。明崇祯十四年(1641年),进入青海的蒙古固始汗应四世班禅和五世达赖的邀请,率领蒙古军队进入西藏,消灭了噶玛地方政权,帮助五世达赖喇嘛建立了噶丹颇章地方政权。在这场斗争中,四世班禅实际上是幕后主持者,但在公开场合他常以"调解者"出面,并且非常谦逊,从不居功。但是大家公认他是这次斗争的实际领袖。1645 年，固始汗仿照俺答汗赠给索南嘉措 "达赖喇嘛" 尊号的前例，赠给罗桑却吉坚赞 "班禅博克多" 的称号，"博克多" 是蒙语，即对睿智英武人物的尊称。从此，"班禅" 开始成为一个专门的尊号。罗桑却吉坚赞是第四世班禅，前三世班禅是后人追认的。罗桑却吉坚赞去世后，转世灵童是罗桑意希。1713 年，清圣祖仁皇帝康熙派员入藏，正式册封五世班禅罗桑意希为 "班禅额尔德尼"，赐给满、汉、藏、蒙四体文字的金册。从此，班禅的政治和宗教地位得到了清朝的确认。此后，历世班禅都必须经过中央政权的册封，才算有效，并成为定制。1989 年 1 月 28 日去世的人大副委员长班禅额尔德尼·却吉坚赞是第十世。

藏传佛教的活佛转世制度

在藏传佛教的僧人当中，有一种特殊身份的僧人，叫做活佛。藏语称为"朱古"，意为化身。西藏佛教的活佛转世制度是在公元 13 世纪时，由噶玛噶举派首创的。他们把寺院地位最高的僧人叫做活佛，以示不同于一般的凡人，而是佛爷的化身。活佛死后灵魂不灭，只是离开了肉体，转移到另外一个人身上，这就称为活佛转世。以后由于藏传佛教格鲁派禁止僧人娶妻生子，全靠活佛转世来解决寺院集团各领袖人物的继承问题，所以西藏辽阔的地域普遍实行这个制度；并且在等级上有大、中、小活佛之分，所以藏传佛教的活佛转世系统究竟有多少活佛，很难做出精确的统计数字。

藏传佛教活佛转世灵童的寻访认定方法，经历了几百年的演变，形成了一套习惯做法和制度。以达赖、班禅两大活佛世系为例，其传统转世程序大致有五道。

一、寻访灵童。前世达赖或班禅逝世后，众僧首先要反复念诵经文，祈求灵童早日转世。此后按照遗言、预示、征兆等线索，选派德高望重的活佛、堪布或近侍弟子，化装成各种不同身份的人，分赴各地寻访。在寻访达赖喇嘛的转世灵童时，一般要派几名僧官到专门降神作法的拉萨奈钧寺打卦或请护法神降神，确定灵童出生地的方向、路程、地方以及家庭特征、父母姓名等。如寻访七世达赖灵童时，护法师只击锣一下，别无它言。后经高僧解释，铜锣藏语称"理玛"，击锣声是"塘"音，即为灵童降生地为"理塘"（即四川理塘）。从寻访十三世达赖灵童开始，又增加了到拉萨东面150公里的曲科甲地方的圣母湖看幻景，将湖上显现的山水、林木、房屋、村落之景象，一一详记于图，以为寻访转世灵童之根据。

二、辨认遗物。寻访选中的男孩必须具备某些超人或奇特之征兆，并能辨认前世活佛生前最喜欢的器物，如手杖、念珠、手铃、手鼓等，也可让男孩辨认前世活佛的近侍弟子或经常接近的人员。此外，看是否具有转世灵童的特征，如大眼、长耳、眉毛颇长，大腿上有虎皮斑，掌中有海螺形印等，也是寻访时辨认内容之一。

三、金瓶掣签。寻访灵童的结果，由驻藏大臣向皇帝报告，请求批示。如果只有一位候选灵童，则批示免于掣签，继承前世法统。如果有两位或两位以上灵童，则批示进行金瓶掣签。金瓶掣签制度是由乾隆皇帝制定的，金瓶放置于拉萨大昭寺和北京雍和宫。掣签由驻藏大臣执行，方法是将所有选中幼童的名字和出生年、月、日用满、汉、藏三种文字写在每一个牙签上，再用黄纸包好供在瓶前。等达赖或班禅候选灵童的家属及众高僧到场后，将每个牙签的纸包打开请在场的全体人员验视，然后由驻藏大臣用黄纸重新包好放入金瓶内，由学问高深的喇嘛诵经七日，然后由驻藏大臣会同众高僧于释迦牟尼佛像前，当众于瓶内掣取一签，打开纸包查看，签上写的谁的名字，谁就是转世灵童。

四、批准继位。金瓶掣签结束后，立即由驻藏大臣、寻访灵童的负责人及参加掣签的全体高僧等人，分别用汉、藏两种文字将掣签情况和掣定出的灵童名字、年龄和出生年月，以及预选的正副经师和拟定的坐床良辰吉日等，报告中央政府，请求批准继位。如五至九世班禅均是报请清朝皇帝批准的，十世班禅是国民政府代总统李宗仁签字批准的。

　　五、坐床典礼。这是活佛转世程序中的隆重仪式。按清廷规定，举行坐床仪式是标志着能以前世活佛的地位公开与各界往来。凡是经中央政府审查正式批准的转世灵童，都要正式举行继承前世法统的盛大庆祝会。会上，要请达赖或班禅（达赖与班禅的关系是年长者为师）给灵童剪发、换衣、取法名、受戒。从此，灵童即可以新达赖或班禅的身份开始宗教活动，接受僧众的朝拜。中央政府对历代达赖和班禅的坐床庆典都十分重视，每次都要派代表前往主持和看视，并宣布中央政府的册封，还要赏赐大量的礼品。继位典礼结束后，达赖或班禅都要依照惯例向中央政权上表谢恩。此后，新的达赖或班禅即原则上离家脱离父母，常驻拉萨的布达拉宫或日喀则的德庆颇章宫，由宫内侍从负责照料生活，由正副经师教授藏文和经典、礼仪等。

好过的年

"**过**年"是春节的俗称，是我国最盛大喜庆的传统节日，它包括小年、大年、元宵节等一系列节日。"年"字在甲骨文中由"人"和"禾"两部分组成，表示人身上背着庄稼，获得了丰收。后来引申为庄稼收割完毕后庆贺丰收的节日。

秦汉开始，过年已蔚然成俗。中国是农业大国，岁末年初是辞旧迎新，也是农闲时期。传统的农业是靠天吃饭的，在辞旧迎新之际，人们祭天、祭祖、祭各路神祇，祈求新的一年风调雨顺、人丁兴旺。"锄禾日当午，汗滴禾下土"，农民辛苦忙碌了一年，到了岁末，旧的工作已结束，新的工作尚未开始，人们有时间"欢欢喜喜过个年"。

在农村一进腊月（农历12月），人们便开始过年的准备了，洒扫庭院、购买年货、制作新衣……节日也陆续到来，喜庆气氛逐渐高涨。人们忙碌着，却忙得情愿，忙得兴奋。当然最高兴的是孩子们，有美食、有新衣，压力和约束也少了许多。"难过的日子，好过的年。"这是大多数人的生活写照、心理情态，是舒了口气，也是一声长叹。无论如何，年来到了。

腊月初八腊八节是过年的第一个节日。腊八起初是祭祀祖先，"腊者猎也，言田猎取兽以祭祀其先祖也。"佛教传入之后，腊八佛教化，被解说为释迦牟尼成道之日。腊八节的节日食品是腊八粥，又称"佛粥"。传说释迦牟尼修道的岁月，日子过得很苦，经常挨饿。一次已饿得奄奄一息，幸得一位牧羊女施以大米奶粥，才获救。从此释迦牟尼，更加苦行钻研，修炼成佛。佛门子弟为纪念此事，每逢他成道之日，便施粥扬义、宣扬佛法。现在的腊八粥原料颇丰，大致有黄米、白米、江米、小米、菱角米、栗子、红豇豆、去皮枣泥及染红桃仁、杏仁、瓜子、花生、榛穰、松子、白糖、红糖、葡萄等等。又发展了腊八面、腊八菜、腊八酒，已成为色香味俱佳，颇具特色的节令小吃了。古代腊八节还有驱逐疫鬼的祭仪——傩（nuó）。这是一种牵动朝野上下的全民性活动，参与者戴上面具，把人、神、巫、鬼搅成一气，在浑浑沌沌的歌舞呼号中，涌现出蛮赫的驱鬼狂潮。现在，我国的许多地方还有盛大的傩事活动。

腊月二十三或二十四日是小年，也叫灶神节，这一天最重要的内容是祭灶、送灶神。传说灶神受命于玉帝，降临人间，监视每户的行为，到灶神节这天回天庭汇报这一家的善恶行径，玉帝据此决定他们新的一年的吉凶祸福。最古老的祭灶由妇女主持，父权制崛起后改由男子祭灶（某些地区还由妇女主持），有"男子不拜月，女子不祭灶"的说法。祭灶即是把旧年贴在锅台后的那张灶神像取下，供以供品：猪头、鱼、豆沙、粉饵、瓜果、水饺、麦芽糖，敬以燃香，将灶神与纸扎犬马一并焚烧，并唱祭灶歌，用关东糖粘灶门，再将新灶神张贴灶前。在供品中最重要的是关东糖，取胶灶神嘴、甜灶神口之意，以期灶神"上天言好事，下界保平安"。

一年的最后一天称做除夕，年事活动至此进入高潮，节日气氛被渲染得浓浓的，家家干干净净、亮亮堂堂，人人轻轻松松、欢欢喜喜。从这天至正月初五人们的生活内容就是过年。

贴春联，春联起源于桃符，据传我们祖先认为桃枝可以避邪，因此新年时门上要插上它。后来发展成在门上钉两块桃木板，并在木板上画符咒，这就是桃符。神荼和郁垒是桃符里最初的门神，传说他们兄弟俩受黄帝之命在一株盘屈三千里的桃树下检阅百鬼，发现任意为恶的厉鬼，便捉去喂老虎。于是人们用桃木雕成手拿芦索的神荼、郁垒挂在门上，以驱恶鬼邪魔。传说中有封神大权的姜太公，刺秦王嬴政的荆轲、秦舞阳，唐代大将秦叔宝、尉迟敬德都曾被尊为门神。钟馗是唐代出现至今仍受民间喜爱的门神，传说唐明皇害病昏睡之时，见小鬼来偷自己的爱物，是大鬼钟馗及时赶来捉住小鬼。唐明皇醒后便命画家吴道子画了多幅"钟馗捉鬼图"，从此钟馗便成了赫赫有名的门神。

门神的画像后来被"神荼"、"郁垒"等文字取代，再后又被一些喜庆吉祥的文字取代，这便是现在的春联。公认的第一幅春联是五代后蜀主孟昶（chǎng）写的"新年纳余庆，嘉节号长春"。从此文人墨客争相效仿，写出吉祥如意的美好词句。经历宋元等朝代，书写春联的桃木板逐渐被纸张代替，但仍被称做"桃符"，明太祖朱元璋定都金陵后才有"春联"一词。清朝中期，春联发展到鼎盛时期，春节时家家门上都贴有春联。在一些偏僻落后地区，没有人会写字，人们便在纸上扣上一个个圆圆的碗印。春联多为红色，渲染了喜庆热闹的氛围。春联的内容代表了各家各户的风格、见识、心愿。

年画、挂签、窗花也是不可缺的年节装饰。传统年画多为木刻水印，线条单纯，色彩鲜明，画面热烈，内容多为历史故事、神话传说、传统戏剧，及牛、鸡、鱼、花、鸟、风景、胖娃娃等，表达人们对五谷丰登、人丁兴旺的祈盼。画有椿树（比作父亲）、萱草（象征母亲）、芝兰（象征好子弟）、磐石（表示稳固）、竹（表示平安）五种物体的"五瑞图"是最受欢迎的。挂签剪有"迎春"、"多福"、"八仙过海"等内容，可与春联配合挂于门楣，也可挂于房檐等处，飘飘洒洒，五颜六色。贴在窗玻璃（从前是窗纸）上的窗花多为红色，内容多是鸡、鱼、人物等。

放鞭炮，"爆竹声中一岁除"，最初的"爆竹"是名副其实的，人们点燃竹竿，竿内空气膨胀，竹竿爆裂发声。最初爆竹是用来驱逐山魈（xiāo）恶鬼的，据《神异经》载，山魈"在西方深山中，长尺余，犯人则病，畏爆竹声。"火药问世后，人们开始以火药制爆竹，花样品种逐渐增多。后来的爆竹只有除旧迎新、喜庆吉祥之意。过年阶段，不时可听到爆竹之声，放得最热闹、最集中的是除夕夜半子时，也即新旧相交那一刻，"噼里啪啦"之声响成一片，连成一气。噼啪的声音，闪闪的亮光，浓浓的火药味，满天飘飞的碎纸屑告诉你"过年了"。为了安全，1994 年北京市开始禁放爆竹。以后其他城市也相继禁放。

吃，是过年的一个重要内容。最受重视的一顿是年夜饭，这顿饭的特点是合家团聚、食品丰富，主食有米饭、馒头、年糕，副食有鱼、鸡、肉、红烧狮子头、素什锦等，酒必是"屠苏酒"。"屠苏"本意是"草庵、草房"。传说一居于草庵的隐士，每到除夕夜便拿一帖药给左邻右舍，投入井中，掬井水装入酒樽，饮之可以祛除瘟疫。后药方流传下来，便称"屠苏散"或"八神散"（因有八样药，配方或传为大黄、蜀椒、桔梗、桂心、防风、白术、虎杖、乌头）。渐渐人们虽仍称屠苏酒，但其中已无屠苏散了。

最受重视的食品是饺子、年糕。饺子取更岁交子之意，是除夕夜必食之食品。包饺子时，馅中置以钱、糖、枣一类东西，吃到钱象征发财致富，吃到糖象征生活甜蜜，吃到枣象征早生贵子等等。年糕据说传自伍子胥，伍子胥被杀之前料到吴国之败，告诉他的亲信，在象门城墙下挖地三尺，可找到吃的。后吴国被困，弹尽粮绝之时，人们如言找到用糯米粉蒸煮压制而成的"城砖"。从此吴人为纪念伍子胥，每逢过年，都要蒸糯米糕。

除夕之夜，"一夜连双岁，五更分二年"，家家点长明灯，整夜不眠，谓之"守岁"。守岁这一夜，有许多的节日活动，一家人团聚在一起，吃各种过年食品，玩各种游戏，欢欢乐乐，通宵达旦。一夜过去，太阳再升起，已经是新的一年。

这新的一年的第一天便是元旦、春节。这一天重要内容是拜年。"元旦"谓之"三元"：岁之元、月之元、时之元，"元"是发端、是"善之长"。"春节"谓新春来临，万物复苏。在这迎新之际，小孩向大人拜年，晚辈向长辈拜年，亲戚朋友之间互相拜年。到了宋代出现"名刺"，不能亲往拜年的，便遣仆送"刺"代之。这"名刺"便是今天贺年卡的前身。

从元旦到初五，人们休息，走亲戚、拜朋友，其乐也融融。过了初五，初六要开始工作了，但年还没有过完。

正月十五谓之元宵节、灯节、上元节，是过年的又一高潮。元宵节最热闹的是观灯活动，传说很久以前，一只天上的神鹅降临人间，被一猎人射伤。玉皇大帝为替神鹅报仇，发旨正月十五派天兵天将烧尽人间牲畜财产。一位善良的仙女，不忍人间遭此大难，冒险下界把这不幸的消息告诉了人们。人们便在正月十五前后，家家门前挂红灯，户户放火花、火炮。玉帝见了以为人间已经起火，便没有发下天兵天将，人间躲过一场灾难。从此，正月十五便成了灯节。

灯节从唐代开始，初为一夜、三夜，到宋代即发展为五夜、六夜，到了明太祖则发展到上元十夜灯，初八起，十三而盛，十七熄灯。宋代的灯节灯火极盛，宋人周密《武林旧事》载："灯品至多，苏福为冠，新安晚出，精妙绝伦。"有元宵灯、鲩灯、口珠子灯、羊皮灯、罗帛灯等等。元宵节除灯火外，还有百戏、舞龙、舞狮、踩高跷、跑旱船等各种娱乐活动，整夜不息，真正的"一夜鱼龙舞"。元宵之夜，人们倾巢上街观灯，一向不出大门的深闺佳丽也盛装而出，"宝马雕车香满路"、"蛾儿雪柳黄金缕"，灯盛人美，所有的人都沉浸在节日的欢乐气氛中。

南宋时期元宵节出现了灯谜，《武林旧事》载："又有以绢灯蒚写诗词，时寓讥笑，及画人物，藏头隐语及旧京诨语，戏弄行人。"猜谜活动先秦两汉时即有，灯和谜结合起来，则始于此。最初的灯谜内容庞杂，后经不断的演变和发展，灯谜开始专指以字的义、音、形变化为依据的文义谜。明代城市商业进一步兴起，赏灯猜谜活动很兴盛，灯谜进入成熟时期：创立了谜格，如卷帘、徐妃、谐声、寿星、粉底、虾须等等；灯谜题材范围扩大，制作手法也有很大提高。晚清到解放前，是灯谜的鼎盛时期，《红楼梦》中，过元宵节时，贾府众姐妹便制作灯谜，可见当时灯谜已相当深入人心。

元宵节的节令食品是元宵，传说起源于春秋末期，又叫汤圆、圆子、团子。吃元宵，意在祝全家团圆和睦。

元宵节过后，年事活动便近尾声，但人们的轻松、过年的余韵还可以延续到正月末。出了正月新一轮的农活又开始了。

传统节日的传承之路

节日是人类社会生活的枢纽，是人类物质文明与精神文明的载体。历经千百年岁月沧桑的传统节日，更是一个民族成熟文明的缩影，它既体现着人与自然的关系，又反映着现实中人与人的联系。以中国节日而言，它既是中国人长期不懈地探索自然规律的产物，包含着大量科学的天文、气象和物候知识，也是中华文明的哲学思想、审美意识和道德伦理在民俗风情上的集中体现。我们的先人综合太阳、月亮和自然与人的关系来确定节日的时间，可以说最好地体现了人与自然的关系。

千百年来，节日民俗给中国人一种井然有序的时间节奏、热闹而不失尺度的空间分布。虽然中国是一个人口众多的国度，老百姓也以一种勤勉、节俭的方式过着自己的日子，但平常的世俗生活因为有了

热闹的节日，才构成中国老百姓完整的人生时间，使人生因充满着期待、愉悦而显得非同寻常。

20世纪以来，科技革命突飞猛进，传媒技术日新月异地发展，使得世界逐渐成为一个"地球村"，人类的生活方式、组织形式乃至文化意识的巨大变化，使我们强烈地感受到"世易俗移"。呈现在我们面前的是这样一幅图景：包括传统节日在内的传统文化显得有点尴尬，大量非物质文化遗产也已无可奈何地逐渐被"淡化"。以节日民俗而言，很多传统节日变得徒有虚名，有些节日甚至已经名存实亡。例如，传统的中秋节，人们在种满桂花树的院子里赏月，听嫦娥奔月的故事，对月高歌，把酒问天，是一道非常富有诗意与想象力的壮美情景。可如今拔地而起的座座高楼，到处闪耀着刺眼的霓虹灯，人与月亮日渐疏远，赏月习俗式微，中秋节只剩下月饼的传递。其他传统节日，如春节就剩下年夜饭，端午节剩下粽子，元宵节就只有元宵和汤圆……

现代化促使人们改变了生活方式，越来越多的人渐渐漠视于传统节日的文化和精神价值，不光是传统节日，整个中国的民族民间文化的生存环境如今都面临着经济全球化和现代化的挑战。一些西方发达国家凭借强大的综合国力、先进的科技手段和发达的文化传播手段，积极传播西方的价值观念和生活方式，对包括中国在内的发展中国家的民族民间传统文化生态造成了严重的冲击。很多民族民间文化的特色正在逐渐消失，文化的多样性和丰富性也受到严重威胁。

节日得以存在和发展离不开一个民族主体的精神活动。原始社会，人们最基本的精神活动就是原始崇拜，祭月、拜月成为日后中秋节赏月习俗的源头；星辰崇拜中对织女星的祭祀，正是后世七夕拜星、乞巧习俗的上源之一。上古社会的人们为了生存，小心翼翼地规避许多灾难和祸患，并衍生出诸多的禁忌。这些禁忌对于节日风俗的形成，起到了推波助澜的作用。如对自然火灾缺乏科学认识，就提倡禁火冷食，可称得上是寒食清明的源头；在每年春季正是瘟疫容易流行的季节，人们采取祓禊防疫，这就是上巳节（三月三日）的来历；还有五月炎热酷暑来临之际，也正是流行病易发时期和发病率较高的时期，古人认为这是一个恶月，五月五日更是恶月恶日，连出生的小孩都不吉利，从而导致了端午节一系列风俗的形成。

中国传统节日大抵起源于先秦时代，而很多重要节日定型于两汉时期，如元旦、元宵、寒食、端午、七夕、重阳等，到了两汉大都基

本定型。这不仅是因为"汉承秦制",更重要的是因为国家的统一,社会出现了各种节日风俗得以定型的土壤和条件。到了唐宋年间,出现了划时代的变异,节日生活开始大规模地与城市生活密切结合,出现了前所未有的新变化,从一向充满迷信、禁忌、祓禊、禳除等神秘气息的模式中解放出来,而向着世俗化、娱乐型的方向转变,成为民间真正意义上的"佳节良辰"。明清以来,中国的节日风俗进入了相对稳定发展的阶段。今日中国社会生活所运行不废的节日风俗,在明清时期基本上已稳定。

中国的传统节日是农业社会和农耕文明的产物,传统节日本质上大都是农村的节日。可是,眼前的社会却有向城市化迈进的迅猛势头。从这个角度看,当代青年追逐时尚流行、喜好西洋节日,也不能简单斥之为"崇洋媚外"。其中的变化值得细细玩味。传统节日主要依凭着民间乡土社会世代相传,而当代传媒技术日新月异,现代媒介开始大规模地侵蚀传统节日文化。首先是改变着传统节日背景下的人与人的关系,过去人们在传统节日中的直接参与、亲身体验变成了如今的间接参与、间接体验。再加上受商业利润最大化因素的制约,这原初本真的充满人性之美的节日内涵不见了,代之而起的是现代媒介在利益驱使下所制造出来的复制化、模式化、批量化、类像化、平面化和普及化的"人工狂欢节"。当技术从作为人的延伸而转为独立于人之后,产生的异化力量,使得包括传统节日在内的民俗文化逐渐变异直至消失或远离最初的人类本真。

在现代传播媒介日益兴盛的环境下,在市场消费占主导地位的环境下,最要紧的是加强对传统节日赖以生存的文化生态环境的重视与保护,宜从自然生态与人的关系、人与文化的关系方面,去关注那些

与自然、与人类和谐相处的文化生态，去保护与传统节日相关的游艺、祭祀、饮食等习俗和与此相互依存着的民间艺术。中国传统思想一直受"天人合一"的哲学观念影响，人们的生产方式、生活方式、文化方式以适应自然为标准，民间文化就是产生于这一环境之下的，我们如今传承这种尊重自然、亲近自然、与自然协调发展的精神，是保护民间文化生态环境的重要出路。

庙会与民众赶集

"百里不同风，千里不同俗"。民国时期仅以各行省的县份计，有近2000个，倘若再细析乡镇，则难以计数，因此不同地域特色的乡情民风便异常繁多。黄河流域是儒家文化的发祥地，中州风土饱受孔孟之道的浸染，所以北方乡情中的礼俗部分实以"纯简质朴"为特色。对照之下，受楚巫文化、佛道思想及西方文化意识影响多一些的南方，其乡情中之礼俗部分，则显出"繁杂虚浮"的特点。正如毛泽东在考察湖南农民运动时所说，国民革命需要一个大的农村变动，但是辛亥革命没有这个变动。实际上，民国时的统治阶级及其政策，对南北乡情的影响，同历代相比难有多大区别。不过也无可否认，毕竟进入 20 世纪了，新兴的工业文明正程度不同地侵袭着古老的乡情，浸淫着山乡僻镇，因此这一时期反映出的南北乡情，又具有新旧变异交替的特点。引人注目的是当时的中国文坛上曾有一阵写乡情的文学热潮，如鲁迅笔下的鲁镇、未庄，沈从文笔下的湘西边城，王鲁彦笔下的浙江镇海，黎锦

明笔下的湖南山乡，蹇先艾笔下的古黔山园，徐玉诺笔下的鲁山农村，许钦文笔下的浙东小镇，周作人笔下的绍兴水乡……淡墨浓彩，细勾疏描，蔚为民国时期南北乡情之洋洋大观，有兴趣深入了解者，完全可以通过这些形象生动、笔力传神的描写去回顾历史和拓宽视野。

庙会，是我国地方乡土民俗的一种特殊形式。它历史久远，在唐代就已经存在。庙会亦称庙市，是民间在寺庙节日或规定日期举行的活动。活动中心一般设在庙内，或在寺庙附近，以至村落集镇举行。庙会，也是我国集市贸易形式之一，其形成与发展和寺庙的宗教活动有关，流行于全国南北各地的广大地区。古时"日中为市"而进行集市贸易。至南北朝时，统治者信仰佛教，大造寺庙，菩萨诞辰、佛像开光之类盛会乃应运而生，商贩为供应游人信徒，百货云集，遂成庙市。庙会经营各具特点，有的定期每月数次开市，有的每年仅一两次，时间长短与规模大小，各不相同，市上有坐商、行商及流动小贩，设摊位者须向寺庙交纳租金，白天开市，不做夜市生意。与做买卖相应的，则有文化娱乐表演。古代有俗讲、变文、说话等，近代有单弦、相声、琴书、大鼓、快板书、魔术、杂技等，不少文学和曲艺作品的形成，皆与庙会有关。由于旧时寺庙大都建在山麓清静之地，因此，许多庙会往往又与游山相联系。顾名思义，庙会包含两大因素，一是与庙祀有关。因为寺庙所祀人物，除极少数传说中人物之外，其他或文臣、或武将，生前对地方都有过功德，为后人所敬仰。这种后人缅怀先贤的本意，应该说是很可贵的，这也是我们民族的一个优良传统。二是有商贸活动。各地举行庙会期间，店肆林立，游人如织，一派节日景象。为此，民间又有赶集之称，周围不少地方的住民都有人赶来设摊经营，也因此，民间把赴庙会称为赶集场。

上海的庙会，除了城隍庙庙会之外，还有龙华庙会和静安寺庙会，合称上海的"三大庙会"，故有"三月三到龙华（看桃花），四月八到静安（逛庙会）"的民谚。上海城隍庙庙会是最负盛名的庙会之一，与北京地坛庙会、南京夫子庙庙会，合称中国的三大庙会。历经700年历史的城隍庙庙会已经成为上海最具有号召力的商旅品牌，老街荡漾着浓郁的欢乐之情，杂耍、气功表演扣人心弦，地摊上《古文观止》等线装旧书则让淘书人爱不释手，手工编制的草包别致秀气，虽价格不菲也大受姑娘们的青睐。龙华庙会已有400多年的历史，走进龙华寺寺门，迎面一尊袒胸露腹、全身金光闪耀的塑像，是人称"布袋和尚"的弥勒佛。传说中布袋和尚是在农历三月初三仙逝的，所以每到这一天，龙华寺总要举办庙会，以示纪念。庙会期间，周围搭满临时售货棚，摆满地摊，人山人海热闹非凡，前后持续近半个月，是上海人春游的一个好去处。建于吴赤乌年间（238～251年）的静安寺，两旁一片草地，苍翠大树，小桥流水，乡村风物，十分幽静。每年四月初八释迦牟尼生日时，要举行为期三天规模盛大的庙会，也称"浴佛节"，届时，男女老幼从四面八方云集至此，进香拜佛、观光游览。

求雨、驱疫、迎神、禳灾、盂兰盆会等传统性公众活动在我国传承已久，并且早已成为各地的共同习俗，活动方式也大同小异。近代

以来，随着科学和卫生观念的增强，人们比较多地懂得了运用科学技术手段与自然灾害和流行疾病抗争的道理，但诸如用各种东西扎成龙形以膜拜祈雨、抬出文昌帝君或其他神灵以求驱鬼逐疫的落后习俗，依旧不同程度地存在于许多地方。这些习俗无疑同兵燹不断、灾害连接的天灾人祸和广大民众所处的艰难状况有关，而当时的政府又极少顾及民众抗灾活动的组织和赈济。中国人一向虔诚于敬神活动，平时大小寺庙宫观香火不断，逢诸神诞辰或出巡之日，更是热闹非凡，每每举办仪仗齐全、兴师动众的会赛以壮观瞻，这种具有强烈传统色彩的地方性公众活动基本上持续到 20 世纪 40 年代前后才步入衰微。庙会同样是与敬神观念相联系的又一类颇见规模的地方性公众活动，大都以地方上某寺庙宫观的香汛之期为中心，届时四方辐辏，既做神佛之事，也做商贩贸易。随着商品经济的发展，近百年来各地庙会的宗教色彩逐渐淡化，而商业气息日益浓厚。

肃穆、欢快的清明节

清明是我国农历二十四节气之一，作为节日，它是祭奠扫墓的日子，又是踏青游戏的日子。"佳节清明桃李笑，田野荒冢自生愁"，人们欢快地享受春意，也肃穆地纪念祖先。

清明的前一两天是寒食节。寒食节的风俗是不举火，吃冷食，传说此俗是为介子推而设。介子推是春秋时期晋国公子重耳的臣属。重耳曾流亡国外十几年，艰难困顿，介子推一直跟随护驾。流亡到魏国时，重耳患病，他们又断粮，介子推便割下自己腿上的肉给重耳熬肉汤喝。后来重耳做了国君，封赏功臣，介子推却拒受封赏，隐居绵山不出。为逼出介子推，重耳放火烧山，火熄后，发现介子推被烧死在一棵大柳树下，重耳封绵山为"介山"，并下令介子推被烧死这天（三月五日）严禁烟火。寒食曾延续至清明，并且在墓祭上和清明是相同的，因此唐代前后，寒食即并入清明节，成为清明的一部分。

清明祭祖扫墓起源极其古老，至秦汉时代，已颇具规模，有了正式祭墓拜扫的礼俗。唐代更将清明扫墓列入五礼（吉、凶、军、宾、嘉，吉即祭礼），从此相沿成俗。祭墓主要有两项活动，一是上供、磕头、烧香、焚纸钱；二是锄草培土，修坟立碑。人们认为人死是到另一个世界生活去了，烧纸、修坟是给死人送钱、修房子。墓祭是对祖先的怀念，寄托人们的哀思。1976年的清明，人们自发地走上街头纪念刚刚离去的周恩来总理，花圈、悼诗、黑纱、白花，一张张肃穆的面庞，一双双含泪的眼睛，寄托人们对人民好总理的真诚哀思。清明节有许多与宗教信仰有关的节日食品，如子推燕、清明狗、春饼、冷粥、青团等等。

清明时，我国大多数地方，大地已青草如茵，于是便有踏青的习俗。踏青取意人如青草，常青不老，有民谣："踏青草，踏青草，大家好呢呢，年年如青草。"

陆游有诗句："忽见家家插杨柳，始知今日是清明"，清明不仅有门前插柳之风俗，而且还要人人戴柳，有"清明不戴柳，红颜成皓首"之谚。插柳之俗据传起源于寒食，寒食禁火，入暮之时由朝廷赐新火，以柳条传之，为了向人炫耀便将传火所余之柳条插于门前，后人仿效成习。后来人们赋插柳以新的意义，一是招魂，二是避邪。

清明与柳有关的习俗还有折柳、射柳、植柳。折柳赠别，寓意有二：一是柳树易生速长；二是柳与"留"谐音，折柳相赠有"挽留"之意。射柳之俗始于战国，唐宋之际已成为一项正式比赛。射柳方式极为奇特，明人陈继儒云："元人以鹁鸪贮葫芦中，悬之柳上，弯弓射之，矢中葫芦，鸪辄飞出，以飞之高下为胜负。"清明前后，插植柳树也早已成俗。

清明，大地回暖，万物复苏，于是有许多户外游乐活动，主要有登高、拔河、踢球、斗鸡、竞渡、荡秋千、放风筝等。

登高，就是登高远眺，江南清明，气候宜人，一派新绿，莺啼鸟鸣，春风吹拂，登高玩赏，远山近景，春和景明，是极吸引人的。

拔河，《景龙文馆记》载："唐中宗清明节命侍臣为拔河之戏，以大麻绳两头系十余小绳，数人执之争挽，以力弱者为输。"拔河众人合作争胜，气势极壮。

斗鸡，起于民间，是兼娱乐与狩猎于一体的春季活动。利用家鸡同性相斥、异性相吸的原理，让两鸡相斗。

竞渡，唐宋期间，清明竞渡颇为流行。人们携酒与食倾城而出，宴饮游乐，观赏龙舟竞渡。

荡秋千，《古今艺术图》载："秋千，北方山戎之戏，以习轻者。齐桓公伐山戎，流传入中国。"辽金以后秋千极为流行，种类繁多，有单秋千、双秋千、转轮秋千，还有立在船上的水秋千。荡秋千是种普及的群众游戏，老人、孩子、妇女各有姿态。最引人注目的是新换春装的妇人，"飞红扬紫、翩若蝶舞"，"衣带飘扬，体态宛转"。人人都是观众，人人都可表演。

放风筝，清明前后，春风正盛，"一月内无日不风"，是放风筝的好季节。风筝的起源与驱邪有关，《红楼梦》中宝玉和姐妹们放风筝还称放晦气，风筝放起，将线剪断，任之飞去，谓之将"晦气"带走了。现在放风筝已纯是娱乐活动，风筝的品种繁多，制作技巧越来越高。

清明是肃穆的，也是欢快的，是中国几千年文化的沉淀。

祭神·纪念·驱邪

——端午节

端午节，端者，始也，"午"是"五"的一种写法，端午即初五。端午节又名重五、重午，即是五月初五。闻一多先生认为端午节是起源于祭祀传说中华夏民族祖先——龙的"龙子节"。后来人们赋予端午节许多纪念意义。

纪念五月五日投汨罗江的爱国诗人屈原。屈原是中华民族爱国主义精神的光辉典型。他博闻强记，有高明的治国之才与强烈的报国之志。但由于权臣的嫉妒、诽谤和君王的昏庸，他不仅才能得不到施展，强国愿望无法实现，甚而遭到流放。屈原在颠沛流离、含辛茹苦的放逐生活里，披发跣足行吟泽畔，目睹楚政的腐败，国家的岌岌可危，极度忧愤，在绝望之中抱石自沉于汨罗江。人们赛龙舟希冀解救屈原，往河里投粽子以免鱼龙吃屈原的尸体。

纪念吴国名将伍子胥。伍子胥，楚国人，父兄被楚王所杀，伍子胥投奔吴，佐夫差灭越。后夫差听信谗言，赐伍子胥死，并将其尸投入钱塘江中。吴国人于五月五日泛舟钱塘打捞冤死的伍子胥尸体。便有了端午节是纪念伍子胥之说。

纪念东汉孝女曹娥。曹娥的父亲溺死河中，14岁的曹娥，日夜哭泣，沿江寻找其父尸体，17天仍没找到，于五月五日投江而死。几天后曹娥尸浮出水面，却抱着她父亲的尸体。人们于五月五日赛龙舟以纪念曹娥的孝行。

端午节还是祭祀钟馗、药王神农的日子。钟馗是避邪之神，五月五日人们纷纷购钟馗图挂于门上以驱鬼、驱疫。还有些地方把五月五日当作药王神农的生日，争相于此日采药。

端午节最重要的活动是赛龙舟。龙舟是龙与船的结合，或者说是龙形的船。闻一多先生认为赛龙舟起源于以龙为图腾的古越国的图腾祭，人们"将各种食物装在竹筒或裹在树叶里，一面往水里扔，献给图腾神吃，一面也自己吃，吃完，还在急鼓声中划着刻划成龙形的独木舟，在水上作竞渡的游戏，给图腾神，也给自己取乐"。

赛龙舟的习俗在我国很普遍，全国各地的地方志中有二百多种记载了龙舟竞渡。赛龙舟时，"龙"字体现在船形上，也表现在比赛前要请龙、祭龙、"焚香燃烛，祭祷龙王后，披红巾于龙王首上，然后将龙舟龙尾迎下小舟"进行比赛。赛龙舟的意义，可以这样说，最初是祭神，后来由祭神引申出祈求五谷丰登、人丁兴旺的意义。

端午节的节令食品是粽子、鸡蛋、雄黄酒。粽子起源于上述图腾祭，并有纪念屈原的意义。粽子古代叫角黍或筒粽，角黍是把芦苇叶或竹叶浸湿，裹糯米包成三角或四角；筒粽是用竹筒贮米烧煮而成。粽子借竹苇的清香，确实别具风味。在源远流长的发展过程中，粽子用料越来越讲究，品种越来越丰富，比较有名的有中山的芦兜粽、肇庆的裹蒸粽、湖州粽，豆粽、肉粽，嘉庆的白水粽，北平的江水粽、小枣粽等。

雄黄酒，民间认为可以防虫健身。《白蛇传》故事中，法海识破白素贞为白蛇，告诉许仙，许仙不信，法海便于五月五日以雄黄酒试验，白素贞果然现出蛇形。据此人们认为雄黄酒能解蛇虫之毒。也因此，每逢端午节，应景戏多是《白蛇传》。

从季节上来说，农历五月蛰伏的毒虫都开始出来活动了，民间对五月有"毒月"之称，毒有五毒：蛇、蜈蚣、蝎子、蜥蜴、癞蛤蟆，《岁时佳节记趣》中有绘画的《五毒图》。因此，端午节有许多消毒避疫的习俗。

挂艾子、插蒲剑，以祛除不祥，后来增加了石梅花、蒜头、龙船花，合称"天中五瑞"，以与五毒相克。"五瑞"中艾子为菊科草木，嫩叶可食，老叶制艾绒，可以针灸疾病，现在端午节仍有挂艾子的习俗。有一个传说：黄巢起义后，唐朝统治者造谣："黄巢杀人如麻，所到之处，鸡犬不留。"义军打到邓州，城中百姓纷纷出城逃难。一妇女抱着一个大孩子，手牵一个小孩子，恰巧碰到黄巢，黄巢感到很奇怪便问这是怎么回事。那妇女不认识黄巢，向他说：大家出城是逃黄巢之难的，大孩子父亲修城墙累死，母亲有病无钱医治也死了，为了保住这棵独苗，她宁可牺牲自己的亲生儿子（手牵的小孩子）。黄巢听了深为感动，又为百姓误会自己的起义军而难过，恰好路旁长满了艾子，便对妇人说："有艾不杀。"于是妇人回城传话，第二天即端午节，满城人家都挂上了艾子。而黄巢义军也很快攻下邓州城，开仓放粮。于是端午有了挂艾子的风俗。

有些地方流行佩香囊、书额、午时符、午时水等习俗。香囊也称香荷包，用鲜艳绸布制成禽兽瓜果等形，内装香料，以五色丝线挂在儿童身上，玲珑可爱，清香四溢，情趣盎然。书额，是以雄黄浸水，沾水在儿童额上书"王"字，以祛除百毒。午时符，是以朱墨写于黄色长纸条上，内容中为"五月五日午时书破官非口舌蛇虫鼠蚁尽消除"（字上盖一八卦图），两边为"艾旗迎百福"、"蒲剑斩千邪"。张贴此符可以避邪驱病，驱除不祥。午时水，是在端午午时取井水装入容器中，加盖封藏，称为午时水，相传可医治热症。

端午节也有许多游戏，除划龙舟外，还有射柳、击球、斗草、端午景等。斗草，有斗花草名的，也有斗草的韧性的。《红楼梦》六十二回香菱等人斗草，就是斗花草名，如"观音柳"对以"罗汉松"，"君子竹"对以"美人蕉"，没有对的便是输了。端午景，是用瓶供蜀葵、石榴、蒲、蓬等物，瓶下有用盘盛装的水果。

端午是个古老的节日，历代习俗沉淀，使它有了复杂的节日意义。

浪漫的七夕

美丽、善良、心灵手巧的玉帝女儿——织女，爱上了朴实、憨厚、勤劳勇敢的人间青年农民——牛郎。他们结婚组成了家庭，婚后他们相亲相爱，"你挑水来我浇园"，"你耕田来我织布"，携手劳动，生活得幸福美满，不久就有了一儿一女，后来玉帝发现了这件事，暴跳如雷，立即派王母娘娘下界接回织女。牛郎知道后，挑着一双儿女拼命追赶。就在越来越近之时，王母娘娘拔簪划银河为界，从此牛郎织女只能隔河相望。但是他们忠贞不渝，终于感动了玉帝，允许他们每年农历七月七日相会一次。这一天，鸟儿们纷纷飞来，在银河上架起鹊桥，让牛郎织女渡桥相会。

这则神话故事，赋予七夕节美丽、浪漫的色彩。实际上七夕节的起源，与人们对天富、对星辰的崇拜有关。我们的祖先很早就开始观察天象的变化。他们发现星星按规律运动，但又时有异常情况，他们不能解释这些现象，便按人间生活加以想象，又赋予人无法企及的力量，便创造了神。牛郎、织女本来就是星辰，牛郎星属天鹰座，织女星属天琴座，古人把它们想象成神，附会了神话故事。人们还认为牛郎织女二星对人类有重要影响。牵牛星"一时不出，其世不和；四时不出，天下大乱。""织女星主瓜果。"

七夕节，又名乞巧节。七夕的各种活动中不仅带有祭祀牛郎织女的拜礼之意，同时也带有妇女们向织女乞巧及预卜自己命运的意思。七夕活动极为丰富多彩，宗旨却大体相同。

江南地区，七夕搭彩楼，妇女之间互送彩线，月下穿针，三穿而过的，即为得巧。胶东地区，年轻女子这天晚上穿新衣，月下结盟七姐妹，唱歌，竞赛穿针引线。浙江、安徽等地则用蜘蛛乞巧——七夕捉蜘蛛，放在小盆或小盒里，第二天根据结网情况，来占卜自己是否有巧运。

樟湖镇，七月七日有盛大的迎蛇赛会。这一天，人们都拿着事先准备好的蛇上街，参加盛会评奖。蛇奖不论品种，只论大小。奖品是用糯米、绿豆、红糖制做的馒头，蛇越大，所领奖品越多。人们抬着大蛇，拿着小蛇，组成浩浩荡荡的迎蛇队伍，旌旗扬，锣鼓响，琴箫唢呐齐奏，鞭炮齐鸣，声势壮观。会后蛇都被送到江里"放生"，被放之蛇竟会频频回头，表示对人们的依恋之情。

七夕吃巧食，以饺子、面条、油果子、馄饨等为主。七夕在一些地方还有繁华热闹的乞巧市场、乞巧庙会。

七夕是我国最富浪漫色彩的节日，牛郎织女美丽、伤感的爱情故事，令人感叹不已。宋代词人秦观为此赋词《鹊桥仙》：

纤云弄巧，飞星传恨，银河迢迢暗渡。

金风玉露一相逢，便胜却人间无数。

柔情似水，佳期如梦，忍顾鹊桥归路！

两情若是久长时，又岂在朝朝暮暮！

月圆人亦圆

——八月十五中秋节

月是离人最近、最清晰的天体，它温润清明，时圆时缺。人们对月总有不尽的联想与疑问，"儿时不识月，呼作白玉盘。""明月几时有？把酒问青天""弯弯的一钩月牙，凄清孤独"，然而月"终会圆的"，给人以希望；圆圆的一轮满月，花好月圆，然而也会有"月圆人不圆"的遗憾。

中秋节又称月节，这天的月是最皎洁的圆月。中国大地，八月正是天高气爽的秋季，夜晚的天空深邃、透彻，夜空中的月盈盈如玉。从天文学角度看，中秋的圆月也应是一年中最圆最亮的，因此人们便在这一天祭月、赏月。

月圆时人们可以清楚地看见月的阴影，但无法真实地了解月中到底有什么，便根据阴影的形状，附会出种种神话。

玉兔捣药。传说月中有一只玉兔，日夜不停地为神仙捣长生不死药。兔儿爷曾是一些地方的月神，中秋节家家户户要供它。现在兔儿爷仍是一些地方的节令玩具。

嫦娥奔月。传说嫦娥是夏朝美女，丈夫后羿是残害人民的暴君，却得到西王母所赐长生不死灵药，更加胡作非为，人们忍无可忍，起来反抗。嫦娥便偷吃灵药，飞升月宫，从此寂寞地生活在广寒宫。嫦娥也是月神之一。

吴刚斫桂。吴刚是天上仙人，触犯天条，被罚砍月中五百丈高的大桂树，这桂树被砍的伤口，能立刻愈合。吴刚一斧接一斧不停地砍，桂树却始终完好如初。

唐明皇梦游广寒宫。唐明皇是唐朝一位风流皇帝，十分向往月宫，罗公远便于中秋夜以拐杖驾银桥，邀唐明皇游月宫。月上精光夺目、寒气袭人，有琼楼玉宇。数百仙女穿着素练赛裳，伴随美妙音乐，蹁跹起舞。唐明皇记下音乐曲调，创作"霓裳羽衣曲"。

中秋节的主要活动是祭月、赏月。月为太阴，因此祭月只是属阴的妇女的事，有"男不拜月"之说。拜月没有固定仪式，一般是焚香遥拜，摆月饼瓜果（瓜果应是圆的）为供。然后家人团坐赏月，备月饼、瓜果、桂花酒等酒肴。有条件者或登高赏月，或临水赏月，伴以丝弦管竹，吟诗作对。月白风清，天空地净，在诗情画意中，烦心忧虑尽去。

中秋赏月各地还有许多独特风俗，别有一番情趣。北宋时，中秋的前一天都东京街上的酒店都在门口用彩绢装饰成一个个彩牌坊，出售新酒，新上市的螃蟹、石榴、梨、栗子、葡萄等琳琅满目，一派节日气氛。酒楼、街上都满是赏月的人，人们赏月饮酒，通宵达旦。浙江中秋之夜，在水上放羊皮小水灯数十万盏，灿若繁星，与月光交相辉映。广东中秋有"树中秋"之俗，在瓦篦或露台上插竹竿，竿上挂竹条扎灯笼，或用小灯砌成字形或其他形状，悬于家屋高处，家人于灯下饮酒赏月。八月是桂花飘香的季节，而桂、兰又为我国民间喜爱的植物，有"桂子兰孙"之说，因此，许多地方中秋节有赏桂折桂之俗。浙江观潮是天下奇观，以中秋夜为最盛，"山寺月中寻桂子，郡亭枕上看潮头"。

圆月象征着团圆，中秋月圆人也当团圆，因此中秋节又被称为"团圆节"。身在外地的人，常常要赶回与家人共赏明月。月的"阴晴圆缺"被赋予"悲欢离合"的人的感情。人们常常对月抒发怀念、思乡之情："床前明月光，疑是地上霜。举头望明月，低头思故乡""今夜鄜州月，闺中只独看""明月不应有恨，何事长向别时圆""料得年年肠断处，明月夜、短松岗"。

月饼是中秋节的典型代表食品，取团圆之义。"月饼"的来源还有两个传说：一是唐时，李靖征讨匈奴于八月十五日凯旋。吐蕃人向皇帝李渊献饼祝捷。李渊手拿圆饼，望着明月说："应将胡饼邀蟾蜍（月）。"二是元朝时，当时"鞑子"四处横行，家家住有坐享其成的"鞑子"，人们忍无可忍，于是在饼中藏有"八月十五杀鞑子"的纸条，分发各家。

中秋节吃月饼，在中国有普遍性，各地月饼有不同风味，以广式、苏式、京式月饼最有名。月饼以皮分有酥皮、硬皮两种；以馅分咸味有咸肉、梅肉月饼，甜味有甜肉、金腿、烧鸡、叉烧、豆沙、豆蓉、莲蓉、麻蓉等月饼。

中秋节还有一些独特游戏。台湾的听香：妇女燃香礼拜后静立或出游，留心听别人谈话，从中占卜吉凶。江苏、安徽等地的摸秋：没有生过子女的妇女，中秋夜到别人家园里，摸着瓜的可得子，也可以亲友偷瓜送给她。江西临川的烧瓦子灯：在野外以瓦片堆成多孔的圆塔，塔中堆着木柴点着，等瓦片烧红，泼上煤油，红火冲天，非常壮观。

花好月圆，是人间美景，给人以美好的联想。"十二度圆皆好看，其中圆极是中秋"，中秋月亮最明、最圆、最美好。夜是清静的，中秋明月给夜的光是柔和的，与月有关的联想如玉兔、嫦娥、桂树、仙女、音乐也给人冰清玉洁之感。整日为生活奔波于喧嚣尘世的人们，在这样的月夜，与家人团坐，饮酒赏月，何等美好、惬意，快哉！

九九重阳

"九"为阳数，九月九，日月并阳，是为重阳。此时秋高气爽，人们登高野游，饮酒赏菊，度过这秋季人人欢乐的重阳节。

传说后汉时，汝南桓景随仙人费长房游学。一日，费长房对桓景说：九月九日你家会有灾难，你赶快让家人制作红袋，到那天在红袋里装上茱萸挂在胳膊上，登高饮菊花酒。桓景听了他的话，合家登山，晚上回来时，家中鸡犬牛羊尽皆死光。费长房说："此可代也。"这是关于重阳节起源的神话。由此可以推测，重阳节秋游最初可能为去病躲灾。

"九月九，牛羊遍地走""九月九大撒手"。到了九月九，秋收已基本完毕，田野一片空旷，牛羊鸡鸭可以任意觅食。农人们播种、锄草、收获，紧张地忙碌了一年，这下可以松口气，过个节了。

重阳节的节日习俗有登高、插茱萸、饮菊花酒、赏菊等。九月天高气爽，田野一片空阔，登高远眺，茫茫苍苍，间或有悠闲自在的牛羊点缀其间，开阔、自适。登高作为一种娱乐活动，还富有健身之意。

茱萸生于川谷，香味浓郁，有润肝燥脾、温中下气、除湿解郁、去疾杀虫等功效。插茱萸意在驱灾求吉。"九月九日佩茱萸，令人长寿。（《西京杂记》）""俗尚九月九日，谓之上九，茱萸到此日成熟，气烈色赤，争折其房以插头；云，辟恶除凶，而御初寒。（《风土记》）"插茱萸之风气起于汉，盛于唐宋。唐宋诗词中描写重阳插茱萸的诗词极多，"遥知兄弟登高处，遍插茱萸少一人""九日茱萸熟，插鬓伤头白""茱萸漫辟恶""况有紫茱萸菊，堪插满头归"，这些诗词赋予插茱萸高雅的诗情画意。

菊不与百花争艳，盛开于群芳凋谢的仲秋，独傲寒霜。其花黄白居多，美而不艳。清淡的香味，令人神清气爽。菊花以它的高雅、超然深得文人墨客的垂青。重阳节正是菊花开放季节，赏菊自然成为节日的一项重要活动。菊花又是饮料、药物，有延年益寿之效。以菊花酿制的菊花酒是重阳节的节令酒。

重阳赏菊，饮菊花酒，风雅之致。晋代田园诗人陶渊明，隐居田园后，种菊、采菊怡然自乐。一年的重阳节，他于篱边赏菊高吟，正为无酒而遗憾，刺史王弘派白裳使者送来了菊花酒。陶渊明开怀畅饮，酒酣兴浓，遂赋《九月闲居》，诗序言："余闲居爱重九之名，秋菊盈园，而持醪靡由，空服九华，寄怀与言。"从此白衣送酒，成为文苑令人羡慕的佳话，被诗人词家反复吟诵。

宋代女词人李清照以女性独特细腻的笔触，把国破家亡的孤独凄凉融于饮酒赏菊：

薄雾浓云愁永昼，瑞脑消金兽。佳节又重阳，玉枕纱厨，半夜凉初透。东篱把酒黄昏后，有暗香盈袖。莫道不销魂，帘卷西风，人比黄花瘦。

（《醉花阴·重阳》）

她还在《声声慢》中写道："三杯两盏淡酒，怎敌他，晚来风急。雁过也，正伤心，却是旧时相识。满地黄堆积，憔悴损，如今有谁堪摘。"在李清照笔下，菊不再超然，"瘦"、"憔悴"，写菊，写人，恐怕词人自己也分不清了。

晚清小说家曹雪芹更是个"菊痴"，竟让《红楼梦》中宝玉和众姐妹编菊谱，作出十二首咏菊诗。

重阳赏菊不仅是文人的事，唐末农民起义领袖黄巢也曾赋《菊花》诗：

待到秋来九月八，我花开后百花杀。

冲天香阵透长安，满城尽带黄金甲。

中华人民共和国的创建者毛泽东于戎马生涯中，也赋词《采桑子·重阳》：

人生易老天难老，岁岁重阳，今又重阳，战地黄花分外香。

一年一度秋风劲，不似春光，胜似春光，寥廓江天万里霜。

他们的诗词自然又一番意境：黄巢的诗透着豪气，毛泽东的词乐观、恢宏而又细腻。

重阳节的节令食品是重阳糕。吃糕的习俗源于登高，"糕"、"高"同音，取"百事皆高"之意。重阳吃糕之俗远在魏晋就有，唐宋时期，风气更盛，制作也更为讲究。重阳糕的制作，因地而异，大概是以米面为主，辅以枣或栗子，糕面上加石榴子、栗黄、银杏、松子之类的果实，故又名之花糕。形状如宝塔，有九层的九级花糕，以其象征九九重阳节，深为人们喜爱。

重阳节还是妇女们的节日，这一天，她们佩戴茱萸花，回娘家吃重阳糕。据记载，一丁姓女儿，嫁于谢家为妇。婆婆凶恶异常，逼迫儿媳做过多的家务，做不完做不好就要鞭笞痛打。丁氏无法忍受，于九月九日上吊自杀，死后魂灵附于巫祝身上，嘱人：让儿媳在九月九日休息一天。重阳于是成为妇女们的休息日。

山东济南重阳节要举办盛大的庙会，千佛山脚下，长达几里的山路上，人山人海。服装、农副产品、手工艺品，琳琅满目。烤地瓜、杠子头、水煎包子、煎饼卷大葱……各种山东名吃，应有尽有。热闹的庙会，会持续几天。

重阳节还有围猎、射柳、放风筝、赛马等娱乐活动。

"九九"与"久久"同音，有长久及延年益寿的意思。到今天已演变成"老人节"，在这一天要举行敬老大会，体现中华民族"老吾老，以及人之老"的传统美德。

重阳节是大家的节日，人们尽皆游玩宴饮；是文人墨客的节日，他们饮酒赏菊，吟诗作赋；是劳动妇女的节日，这一天，她们休息吃糕；是儿童们的节日，他们有很多开心的应节游戏；它更是老人们的节日，尊老、敬老，是你、是我、是全社会人们的责任、义务，当然不仅仅是重阳节这一天。

父母之命　媒妁之言

——中国古代婚姻

有人类就有婚姻。最初的婚姻只是个体的生理行为，客观地起着延续种族的作用。人们只知有母，不知有父。人们不能解释女人有孕生子的现象，便赋予其神秘的意义。如：周的先祖是其母踩了神仙脚印而生；黄帝是其母亲见"大雷绕北斗，极星光照郊野"而有孕；禹是其母有莘氏受上天感应吃了神珠，最后从腋下生出来的，等等。

随着人类社会进入文明阶段，在我国漫长的封建社会里，婚姻逐渐开始有了复杂的意义、繁琐的礼仪。

婚姻的意义首先是家族的传宗接代，为某人娶妻的目的淹没在为家族娶妇目的之中。结婚首先是家族的事、父母的事，首先考虑的是传宗接代、多子多福，于是自然地出现早婚早育现象。唐宋以后适婚年龄，一般为男十五六岁、女十三四岁。结婚的目的在于生子，延续香火，"有子万事足"。"不孝有三，无后为大"，不能生子是休妻的充足理由。

其次，结婚也是一种政治地位、经济地位的交换，所谓"门当户对"、"竹门对竹门，木门对木门"。《红楼梦》中贾史王薛四大家族互结姻亲，以贾家来说，贾母是史家的，贾政之妻是王夫人，宝玉娶的是薛宝钗。这样四大家族"一损俱损，一荣俱荣，扶持遮饰，皆有照应"。这种婚姻，大到两国间的"和亲"，汉代的昭君出塞、唐代的文成公主嫁松赞干布，小到小户人家的结儿女亲家。周代以前有掠夺婚、买卖婚。"婚"字之起源就因当时婚礼于黄昏举行，于黄昏举行意在便于抢劫。后来的买妾是买卖婚的变形。周以后婚姻娉嫁开始有固定的程式、礼仪。"父母之命，媒妁之言"是必不可少的。程序遵从"六礼"：纳彩、问名、纳吉、纳征、请期、亲迎。亲迎是最隆重的节目，是人们看见的婚礼。男方要出几十人的队伍去女家接新娘，婚礼过程有许多规矩，各地亦有所不同，但大多意为避邪与求子。

现代婚礼中，新娘迎到男家要放鞭炮，放鞭炮最初的目的就是驱邪。下车进家门这一段不能踩地，这是怕冲犯神灵。要向新娘撒彩纸屑，这最初是撒谷、豆、钱、彩果或撒草，以避"三煞"（青羊、乌鸡、青牛之神）。洞房被褥上要撒栗子、枣、花生等，取"早立子"、"花着生"之意，新郎新娘要喝交杯酒，吃多子馎馎等等。

婚礼的另一个共同特点是求热闹、显富贵。清代北京的婚礼竟模仿帝王的仪仗，挑夫举着"开道"、"回避"等大字木牌及马镫、斧钺、金瓜等物，浩浩荡荡去女方家迎亲。接回新娘，拜了天地后，要大摆酒宴，宴请宾客，有的竟要吃几天。嘉礼完成，欢宴已毕，要闹洞房，戏弄新娘新郎。

婚礼第二天早晨要拜公婆，所谓"成妇"，三天回娘家"会亲"、"唤姑爷"。至此，婚礼全部完成。婚姻有复杂的意义，结婚双方的个体感受却微乎其微；婚礼仪式是繁琐的，结婚双方却只是牵线木偶。新婚夫妇要做的就是接受事实。

结婚娶妇需要大量费用，聘礼、宴客等，穷家怕担负不起，或因儿子在生理上有缺陷，或因家里缺劳力等，便抱养或收养童养媳，待男女成年后合房。

在古代婚姻家庭中，妇女是没有地位的，"妇，言服也，服事于夫也"。否则，男方可休妻。休妻有"七出"："不顺父母，去；无子，去；淫，去；妒，去；有恶疾，去；多言，去；窃盗，去。（《大戴礼记·本命篇》）""七出"在唐代被纳入法律。从"七出"可看出，结婚是家族的事，离婚（休妻）各条也都与家族有关。

夫死之妇谓之寡妇，寡妇结婚叫再醮。宋程朱理学，极重贞节观念，提出"饿死事极小，失节事极大"的看法。以后各代则将贞节观念制度化、普遍化，表彰守节寡妇，减免差役，救济粮款等等。民间还有为节烈贞妇修贞节牌坊的。

在我国漫长的封建社会中，婚姻都是父母包办，但人们心里是向往纯真爱情的。汉时卓文君与司马相如私奔，虽为封建礼教所不容，在民间却始终传为佳话。牛郎织女、董永七仙女，这两则带有浓厚神话色彩的爱情故事，在民间广为流传，脍炙人口，也表明了人们对爱情的向往、追求，对包办婚姻的反抗。在封建礼教束缚下，人们对有爱情的选择婚姻的向往，诱发了艺术家的灵感。王实甫在《西厢记》里祝"有情人终成眷属"；曹雪芹在《红楼梦》中诅咒摧毁了宝玉、黛玉爱情的封建礼教、封建社会。

王实甫的祝愿，今天已成为现实，今天的婚姻已基本是结婚双方个体的事儿。结婚的形式也可以根据个人的爱好去选择，喜欢热闹的宴请亲朋，热爱自然的旅游观景，更浪漫的还可以举行高空婚礼、跳伞婚礼，等等。但勤俭节约、结婚从简则是我们应该大力提倡的。

入土为安

——中国传统的丧葬

1933 年，在北京周口店山顶洞穴中，发现了我国最早（大约距今18000年）的墓葬。这是一块以二次合葬为形式的公共墓地，墓中有老年男子、中青年妇女、婴幼儿等多人，均无葬具。老年男子、中青年妇女尸骨旁撒有赭石，身上佩带有骨坠、钻孔兽齿、石珠、燧石石器等。

大概从那时开始，中国的丧葬便一直以土葬为普遍形式。丧葬根源于先人"灵魂不死"的观念，要让死者"入土为安"。但是随着私有制的产生，丧葬成为地位和财富的象征，厚葬成为风气。到商代，出现我国厚葬第一个高潮。这时的丧葬尊卑分明，贵族墓极为讲究。河南安阳商王陵墓，墓室是方形或亚字形的竖穴土坑，四边各有一条斜坡形墓道，总面积达1800平方米，深度为15米以上。墓内用木材筑成椁室，室中是敛尸的木棺。随葬品极其丰厚，远不及商王陵墓的妇好墓（商王武丁的配偶）出土的青铜器就达468件，玉器700多件，骨角器560多件，海贝7000多件。野蛮残酷的人殉、人牲制度至商也发展到高峰，奴隶主的墓葬几乎都有殉葬者，少者一二人，最多的侯家庄1001号墓达400人左右。

西周以后，人殉葬俗逐渐消失，而代表死者身份的"列鼎制度"出现。天子用九鼎，诸侯用七鼎，大夫用五鼎，士用三鼎或一鼎，鼎及铜器都属"礼器"，为贵族专用。"礼不下庶人"，庶人陪葬只能用日用陶器。但是，不安于自己地位，及让死者享有生前无法企及较高地位的观念，使丧葬常常出现"逾礼"的现象。

春秋以后，丧葬礼仪中逐渐融进儒家的"孝道"思想。儒家认为人们都有爱亲、思亲、孝亲的情感，并且"至死不穷"，"礼"的部分功能就是抒发哀情，"丧贵致哀"。孔子认为"礼，与其奢也，宁俭。丧，与其易也，宁戚"。本意是主张薄葬，但孝道观念实际上却为后人厚葬提供了理论依据。

儒家的丧葬主张"恩、理、节、权"四大原则。服丧轻重以血缘亲疏、身份高低为主要标准，越重的丧，丧服质料越粗，剪裁越简陋，有斩衰、齐衰、大功、小功、缌麻等；越重的丧，丧期越长，有三年、一年、九月、七月、五月、三月不等，丧仪极其繁复。但儒家并不强调这些仪式，更重视的是"慎终追远"的人伦精神。

灵魂不灭观念到秦汉时期有了进一步发展，认为人死后灵魂会在另一个世界里继续生活，因此陵墓的修建如同活人的宫殿、房屋。秦始皇为自己修陵征用民工 70 多万，时间长达 30 多年，《史记·秦始皇本纪》载："穿三泉，下铜而致椁，宫观百官，奇器异怪徙藏满之。令匠作机弩矢，有所穿近者辄射之。以水银为百川江河大海，机相灌输，上具天文，下具地理。以人鱼膏为烛，度不灭者久之。"据记载，秦始皇陵高约 115 米，面积方圆 5 里有余。现已挖掘的三个兵马俑坑 20780 平方米，有陶俑、陶马 7000 余件，形象逼真生动、气势宏伟；战车 100 多辆，富丽堂皇。西汉中山靖王刘胜夫妇死后穿金缕玉衣，漆棺内外镶玉。这种"视死如生"的丧葬观，还表现在随葬品的应有尽有，几乎包含衣食住行所需各种物品。

随着佛教、道教的盛行，灵魂不灭观念有了新的发展，出现"六道轮回，转世托生"之说。关于丧葬，从道家的阴阳五行观念中衍生出相墓之术。

至宋代，儒、佛、道三教合流，中国人死后观念形成完整的体系，具体表现在糅合了儒家慎终追远道德观、佛教轮回因果报应观、民间道教鬼神观的"死后十王审判"信仰，认为人死后要接受十殿阎王的审判，做坏事的要受到残酷的惩罚。这一信仰表现在丧葬上，除使传统厚葬更甚外，又增加延僧邀道、设坛作法的习俗。人们在亲人死去那天，请僧人念经，超度亡灵。隆重的要举行水陆法会，请僧人几十以至上千，诵经礼忏，为一切水陆生物供养斋食，凡七七四十九天，以追荐亡灵。是否举行盛大的佛事斋会、水陆道场成为是否有"孝心"的标准。

明代小说《金瓶梅》中，西门庆爱妾李瓶儿的丧礼中七七四十九天法事，竟僧、尼、道、喇嘛各种排场杂陈，首七是和尚诵经，二七是道士作法事，三七和尚念经，四七喇嘛念经，五七道士作水火炼度，六七没有念经，七七女尼诵经。

佛教还带来了"荼毗"之法，即火葬。宋明时期，火葬曾在北方流行，但火葬自始就受到政府及知识分子的反对与禁止。

丧葬礼俗是人类社会发展到一定阶段后才产生的，最初只是基于自然规律的习惯规范。中国的丧葬观，一是基于灵魂不灭、孝道观念的厚葬观，一是基于孝道重在致哀、无神的薄葬观。春秋时儒家孔子、墨家墨子、道家老庄都基于自家学说倡导薄葬。汉代杨王孙、王充基于无神论，反对厚葬。魏晋曹操更以厚葬为改革重点。宋代的宋祁、元代的谢应芳、明代的黄宗羲、陈确都极力主张薄葬。但薄葬观在中国历史上始终居于弱势，厚葬之风始终盛行。

中华人民共和国成立后，政府、有识之士积极宣传无神论思想，倡导薄葬。周恩来总理遗体火化，骨灰撒入祖国山河大地。还有人遗嘱将遗体捐给祖国医学事业。

祭祖·社祭·祭天

"**天**有不测风云，人有旦夕祸福。"人的生老病死，庄稼的丰歉灾害，这些与人们利害相关的现象，我们的祖先不但不能掌握，而且不能预测，也不能解释，便自然而然生出对自然界的崇拜、恐惧与猜想，久而久之，神灵鬼魂的观念产生了。人们把一切不可知的现象都归结于神灵鬼魂的所为。祭祀就是向超人的神灵鬼魂表示敬意，以求降福。

中国历史上有繁复的祭祀礼俗，尤以祭祖、社祭、祭天最重要。

祭　祖

祖先是与人们最亲近的神，可以与上帝对话. 可以护卫或惩罚子孙们。家家都奉祀祖先的神主牌位——一块经过"祔祭"写有祖先名号的木牌，富家设庙堂供奉，穷家则设一神龛，每岁按时对其进行祭祀。

周代祭祀祖先的程序基本定型，分为丧礼、吉礼两类，丧礼祭祀新亡的亲人，在服丧期间举行。吉礼是平日岁时对一般祖先的祭祀，以春、秋二祭为主，也是婚丧礼仪中必备的仪式。

对祖先的祭祀，在平民百姓中还有维系家族、确立长幼之伦的作用。到了周末更发展出"缅怀先人"、"报本反始"、"追终慎远"等含义，而神灵崇拜的意义则逐渐被淡化。

汉代，祭祖已成为一般百姓心灵上的寄托，不再限于春、秋二时，而是每逢岁时节令都要进行，正月初一、二月初二、夏至、七月初七、八月、腊月等都要祭祖，这一点后世一直延续。

魏晋以后，玄学及佛道思想兴起，使祭祖传统受到了一次冲击。祭祖的孝道思想仍被继承下来，但形式有了部分的修改。一些人开始主张祭祖只要虔敬，不应杀生，不应浪费铺张等等。

宋代，祭祖礼俗繁复而又制度化。先要卜筮选择祭日，于祭日前三天，男主人率全家男子在外室，女主人率全家女子在内室，进行斋戒。祭祀前一天依照被祭者的等级奉祭品。祭日，先由男主人奉神主就位，然后参神、降神、进馔，再经初献、亚献、终献，整个祭祖仪式完成。

在一年的祭祀中，新年祭祖缅怀先人、祈求赐福；清明扫墓、献祭品；端午以粽子等物祭祖；七月十五中元节买纸钱、冥衣在坟前烧化，谓"送寒衣"；除夕祭祖感谢护佑赐福。

祭祖仪式发展到后期，多为许多家共奉同一祖先，设共同的祖庙、祠堂。共奉同一祖先的人们围绕祠堂成为一体，祠堂成为维系社会、法律、道德、传统的中心。

社　祭

社，土地之神。但是，先民的社祭功能则复杂得多。到了周代，社祭开始形成完整的祭祀系统。就对象而言，天地山川是君王贵族祭祀的特定对象，庶民阶层只有社祭及祭祀祖先的权利。就体制而言，政府有太社、王社、国社、侯社；民间有州社和里社。周人供奉的社神有四说：五土之神、勾龙、禹、修车；汉代之后，人们开始只奉勾龙。

"社"在中门之外，外门之内，用青、黄、赤、白、黑五色土，按东、南、西、北、中建筑，再依循方位栽松、柏、栗、梓、槐五种树木。每年春、秋、冬，举行三次社祭。官方的社祭是为巩固统治者权位服务的；民间的社祭繁华热闹，是百姓艰难困顿中对美好生活渴望的精神支柱，是民间社会的生活重心。

周代"社"的神性已开始与土地神相结合，汉时，土地神观念已基本形成。

汉代官社至县为止，庶民则以里为立社的单位，称为"里社"。里社的祭祀，于春、秋两季农闲之时，一方面成为祭祀社神求福，一方面成为交易或娱乐场所。社祭在平民社会中日趋重要，产生了"社公"之名，结合人们对土地滋生万物的崇拜，土地公的雏形于此时形成。

东汉以后，官方的社祭已徒具形式，而民间的社祭则空前发展，逐渐发展成城隍神与土地神两大系统。

城隍神是城镇的守护神，城隍庙多设于城镇都会繁华之地，都城有都城隍，州、郡、县亦各有专职城隍。城隍神的信仰起于南北朝时，中唐以后开始在全国普及。城隍神专门管理当地的阴间事物，在地方上有很高的地位。因此每逢城隍节庆极为隆重，人们抬着城隍，还有作马童的，打扇的，热热闹闹出巡城市。

土地神是乡村的守护神，各村都设有土地庙。祭祀土地神仍称为社祭或社会。社祭发展至宋已成为农业社会里调剂生活的一种民俗。社祭时，人们互赠社糕、社酒，做社饭请客。有享寿星、求丰年、卜禾稼、饭福杯、治聋酒、造环饼、宰社肉、种社瓜、放社假、乞聪明等习俗。最热闹的是举行社会，有杂剧表演、踢球比赛、相扑游戏、清乐演奏、花绣展示、说书、皮影戏等各种娱乐项目。但是土地神信仰仍然存在，社祠、土地庙仍逢村即设，人们祈求土地神降福，护佑平安，安抚亡灵。

祭 天

"天"在我国古代被认为是至上神，能主宰王朝的兴替，因此国王便被称为"天子",而祭天也成为君王的特权。

祭天大典一年举行四回：祈谷、雩、明堂报享、南郊。周代用作祭品的牲畜有牛、羊、猪、狗，其中牛最重要，而且必须是肥美无瑕的。祭祀开始前把器皿洗涤干净，祭祀时君王着黑装，当牲品、牌位供奉好后，大司乐指挥演奏大吕之歌，跳云门之舞。君王祭象征天的苍璧，祭毕，将璧置于祭坛木材上焚烧，让冉冉上升的烟雾将人们的敬仰带到上天。

祭天是一种政教合一的仪式，它起着维系君主权威与王朝命运的作用。因此，历代皇帝掌握政权后，便马上举行祭天大典。汉武帝时，设南、北郊，南郊在长安南为天郊，北郊在长安北为帝郊，供郊祀之用。祀天在甘泉宫的圆丘，甘泉宫内种有许多竹子，又称竹宫，竹宫祭坛以紫色泥土堆砌，四周镶饰七千枚玉器，祭祀时，300名舞女舞于坛下。封禅祭天的礼制，至此方成定制。

祭天发展到后来，就成为一种政治上的例行公事。一些君王好大喜功，大量浪费人力、财力。君王祭天之后往往又要大赦天下，赏赐三军，国家财力难以负担。宋时变为三年一郊，并规定有事耽搁不补。祭天至此已没有多少宗教气息。

清代后期，官方不再禁止民间祭天，元旦之日，人们往往焚香拜天。辛亥革命后，祭天的政治功能随着帝制消逝。

蒙古族婚俗撷趣

婚　礼

汉人相亲，一般是姑娘的家长去相姑爷。蒙古族相亲却不同，女方的家长先把姑娘送到男方家去，让公婆先睹为快。同时，女方家长也能把女婿看得一清二楚。男女双方也趁机见面聊天。然后，双方的家长在酒宴上直接交换意见。如互相看中，满意，又谈得拢，就可以订婚。

结婚前，男女双方都要设宴，招待亲朋好友。结婚当天，新郎穿上新衣，腰系绣有两只虎的围裙，挎上弓箭、箭筒、腰刀和配剑，由两个人跟随，拜过家人，各射一箭之后，便骑马到新娘家接亲。

同时，女方家也要派出三人相迎，设宴招待新郎。亲人相见，新郎要给岳父岳母磕头，然后到新娘的住屋，问明新娘的姓名、年龄和生日，给围护新娘的姑娘献上洁白的哈达，分发赏金。新娘的两个嫂子则给新郎换上新衣，还要赏给新郎一匹好马。

一天三次款待新郎。中午，按礼俗，新娘在姑娘、嫂子陪同下和新郎一块儿入席用餐。女方家长把两块羊膝盖骨用纸包好放在手扒肉上，左羊腿的膝盖骨，由新娘装兜留念；右羊腿的膝盖骨，由新郎收藏保存，以示左右相互依存，和和美美，永不分离。

晚上，为了表示新郎和新娘永久相爱，生活幸福美满，白头偕老，姑娘们用红头绳将新郎和新娘的头发联结在一起。第二天，新郎要把新娘带走时，新娘哭着和父母及围护的嫂子、姑娘们告别之后，大家把新娘抬上车，新郎骑马绕车三圈带路回家。

新郎的家人看见接亲回来，都迎出门外，给新娘敬酒、敬茶，新娘的嫂子接过酒洒向四方，表示对各位亲朋的谢意，接过茶洒在车轱辘上，意为洗尘。届时，还要燃放鞭炮，揭去新娘盖头，改用蓝头巾遮盖，新郎新娘跨过门框边的谷草后拜堂，拜火盆，最后入洞房。

传统的接亲仪式

老话说："隔河不同俗。"就拿蒙古族来说，由于地域不同，风俗也有差异。居住在鄂尔多斯草原的蒙古族人结婚娶亲的时候，男女双方各自都要设宴款待嘉宾。男方的大宾、新郎、伴郎和祝颂人等先到女方家里去接亲，接受宴请之后，骑马赶回家里报告喜讯：新娘就要来了。然后男方的家人、嘉宾带上用品，骑马套车去迎接新娘。双方在半路上相聚以后都停下来，选择一块平整干净的草地，男方把带来的羊毡铺在草地上，摆上香茶、美酒、圣饼、羊背，请女方的送亲人下马休息、品尝。然后，祝颂人致迎亲词："乳汁的精华是美酒，我们把奶酒敬上。五畜的精华是乌叉（羊背），我们把乌叉敬上，请远道而来的诸位亲朋好友举起酒杯，干。"祝颂人颂毕，新郎给送亲人一一敬酒，请宾客开怀畅饮。双方的亲朋好友频频举杯，交谈，唱歌。

趁大家不注意，祝颂人和新郎偷偷地退场，飞身上马，夺路而跑。等大家发现新郎不在时，新郎已跑得很远。于是，双方的亲朋好友纷纷上马，奋力追赶，欢歌笑语荡漾在辽阔的草原。新娘家送亲的队伍也紧随其后。当送亲的马队要追上新郎时，新郎的家人点起一堆圣火。接着，新郎把新娘请下马背，手牵着手，一块儿跳过火堆，这表示新郎新娘接受了圣火的洗礼，燃烧的圣火，预示着他们光明的前途。大家都祝福新婚夫妇生活美满，白头偕老。

到了新娘家，新娘家人闭门不睬。头一回上门的新姑爷就吃了一个"闭门羹"。要是别人非扭头走开不可，新郎官却一点也不生气。这时，随同的亲友屈身下马，敲门打躬说些好话，请岳父开门。这样，新娘家门大开，把宾客一一迎进。新郎进去先向岳父岳母行认亲礼，敬献哈达。礼毕，岳父岳母热情地用奶茶、奶酒及烤全羊招待姑爷和所有的客人。

宴后，新郎要跪在新娘背后问新娘的乳名。一个急着问，一个又慢而不答，在有趣的问答中，新郎用心计巧妙地诱新娘上钩，使其在不备之中脱口而出。

当晚，新郎在岳父家里与众多的亲友尽情畅饮。

第二天，新娘和父母姐妹兄弟行完告别礼后，先出门，骑上心爱的马儿，围着自家的帐篷跑三圈，以示对亲人和家园的留恋之情，然后向夫家方向飞马而去。随后，新郎和迎、送亲的众亲友紧追其后。到新郎家门前，新娘也要吃回"闭门羹"。然后，举行结婚大典。

全羊待客

蒙古族人民世居草原，以畜牧为生计，羊肉成为他们日常生活中最喜爱的食品与待客佳肴。婚礼中也离不开羊，"全羊待客"便是他们的婚俗之一。

每当举行婚礼时，新娘新郎打扮一新，先由身穿新袍与方马褂、束白腰带、戴红缨帽的新郎前去女家迎亲，并献上哈达，拜见长老，请岳父岳母上座，敬上奶酒，然后欢宴宾客。

新郎到新娘家时除了要带上德吉（即第一碗饭或第一盅酒）外，还要在马身上藏一小瓶白酒。这一小瓶白酒是带给新娘的礼物，要由新娘亲自找出来。喝完茶后，接亲的人要摆出整只羊供大家享用。新郎进入新娘房间后，新娘的伴娘立刻端出一个煮熟了的羊颈骨，请新郎从中间掰断，以试新郎的力量和智慧。实际上，新郎并不需要真正将羊颈骨掰断，他只需要将姑娘们插在羊颈骨腔里的木棍和筷子取出掰断，具有象征性的意义就行了。新郎如不知其中奥秘，费尽力气也掰不开的话，便会受到伴娘们的嘲笑，而聪明的新郎则会识破其中的机关，及时取出筷子或木棍，并将其掰断。羊颈骨被掰断后，新郎与新娘当众分食。

壮族的节日

牛王节

壮族聚居区地处岭南西部，气候温和，山清水秀，雨量充沛，适宜种植水稻、玉米、薯类与各种热带、亚热带作物。

壮族同胞对田间主要的劳动力——耕牛十分崇敬。他们规定每年农历四月初八为"牛王节"，又名"牛魂节"或"开秧节"。每逢这一天，壮族的村村寨寨男女老少都早早起床，杀鸡杀鸭，准备佳肴、美酒来招待耕牛。他们还上山去采摘几种树叶，用它来煮水做"糯米饭"。由于这种饭呈紫红色，故又名"乌饭"。他们把这种乌饭，加上煮熟的腊肉用来喂牛。他们还规定，这天所有的耕牛都休息一天，不让它去田间犁田耙田，让它到绿草地、山坡间、牧场上去吃青嫩的草，呼吸新鲜空气，并禁止任何人挥鞭抽打牛群，牛栏内清除粪便，撒上石灰，铺垫干草；有的还用茶油涂搽牛的伤口，用篦子梳掉牛虱，精心护理。富裕的人家还特地酿制甜酒，加上鸡蛋，用竹筒灌喂耕牛，以增强耕牛体魄，来迎接春耕大忙日子的到来。

壮族的"牛王节"由来颇久。传说，从前寨里有一户人家，丈夫到田间勤劳耕作，妻子居家却好吃懒做。春耕大忙开始了，丈夫天一亮就牵牛下地犁田了，而妻子还在睡觉，没有给丈夫送饭去，结果丈夫晕倒在田间，耕牛见状推醒主人，告诉他："你那老婆天天在家独自蒸糯米饭做甜酒吃呢，你快回去吃点东西吧！"丈夫苏醒后，回到家中，看到桌上的糯米饭与甜酒都被吃光了。妻子知道这是牛向丈夫告的状，便怒气冲冲烧了一锅开水，灌到牛的嘴里，牛便病倒了。这天，正是四月初八，人们为了纪念牛对主人的忠诚，便家家做"乌饭"慰劳耕牛，让它吃饱，并休息一天。这天便叫"牛王节"。

壮族同胞还利用"牛王节"这天走亲串寨，互相祝贺耕牛的健康，在这天还进行集市贸易活动。过了这一天，人们便开始插秧了。

青蛙节

壮族的节日很多，如每年正月都要过的青蛙节就是一个重要的节日。

青蛙，通称田鸡，专吃田野的害虫，是有利于农业的两栖动物。那么青蛙节怎么过呢？

从时间上看，青蛙节从正月初一开始，一直持续到月底，长达一个月。

青蛙节的过程分为三步：

第一步请青蛙。初一的清早，村寨里的男女老少都要到田野去找青蛙、抓青蛙。这时田野的青蛙很少，请到青蛙不容易。因此，谁先找到并抓住青蛙要向天禀报，即要连放七声地炮，然后接受群众的加冕。如果是年轻人先抓到青蛙，就称他为"青蛙郎"；如果抓到青蛙的是老年人，就称他为"青蛙父"。壮族人民把崇拜的青蛙称作天女，抓到青蛙后，由青蛙郎（或青蛙父）把青蛙迎进村寨，先放进由一节用金黄楠竹做的宝棺里，再把宝棺放进花楼内，最后在众人的护送下，把装青蛙的宝棺放在青蛙亭里。

第二步供青蛙。其间，青蛙节的一切活动都由青蛙郎（或青蛙父）统一指挥。晚上，男女老少都聚在青蛙亭外，点燃蜡烛，通宵达旦地护着青蛙，老年人打着铜锣铜鼓，年轻人唱歌跳舞，热闹非凡。白天，由孩子们抬着青蛙挨门逐户地贺喜，并接受各家各户的赠品。有的送米，有的送钱。青蛙郎（或青蛙父）把收到的熟食和粮食平分，让孩子们带回家去，说吃了"百家粮"长寿，身体健康。收到的钱由青蛙郎（或青蛙父）掌管，用于青蛙节的开销。

第三步葬青蛙。月底，要举行青蛙葬礼。一般是把青蛙安葬在草地或大树下。下葬前，由年长者打开放青蛙的宝棺，看青蛙的颜色，以测年景。如果青蛙是金黄色，就预示是个丰收年，大家欢呼雀跃，敲锣打鼓，放地炮 21 响。如果青蛙的尸骨发黑，就是不祥之兆，于是大家烧香磕头，祈求青蛙保佑。葬青蛙的这一天，家家杀鸡宰羊，磨豆腐，做五色饭，穿上新衣，给青蛙送葬。送葬归来，青蛙郎（或青蛙父）用各家的赠款举办百家宴，由各家的长者参加，吃一顿葬餐。

花王节

每年农历二月十九日是壮族的"花王节"。这天，壮族同胞都要举行供祭花王的仪式，以保佑孩子平安、健康。

壮族同胞称花王为花婆，认为它是儿童的守护神。因此，每当壮族妇女产下孩子后，不论是男孩或女孩，都要在母亲的床头、墙边立下花婆神位。

在壮族同胞的信仰中，孩子都是花婆家庭院中所种的神花的花朵，花婆是生育的女神。孩子生病了，做母亲的要给花婆上供，请巫婆神游花婆的庭院，看孩子是什么花，花上是否染虫害、缺水或枯萎，并由巫婆代为除虫或浇水，使之健康成长。

农历二月十九日这天，也是壮族妇女同胞的节日。壮族的姐妹们则找本村的好友聚会，并杀鸡供神，情投意合的就结拜为异姓姐妹，并推选出岁数较大的当堂嫂，姐妹间有什么矛盾纠纷，由堂嫂去解决。

水族人住木楼的原因

水族在历史上曾被称作"僚"、"夷"、"水苗"、"水家"等，主要居住在贵州三都及广西环江、南丹、河池等县境。它是在古代"骆越"族的基础上发展起来的，原本生活在岭南地区。秦始皇统一了岭南后，水族先民逐渐迁移到黔桂边境地带。

水族先民本来在岭南地区住的房子都是用泥石建筑的，可是到了黔桂地区后却是住木楼。据说这里还有着一个美妙的故事呢！传说古时候在黔南有座大山叫太阳山，山下居住着一家水族山民。这就是拱祥和他的妻子。有一天，拱祥上山砍柴，看见一只老鹰抓住一条红色小蛇，正准备腾空而上。小红蛇盘旋着身子，发出哀鸣。拱祥看着很心疼，就顺手扔出砍刀，吓得老鹰丢下小蛇飞走了。这条小红蛇在地上翻了个身，就化作一道红光不见了。

当天夜里，拱祥做了一个梦，梦见一条巨龙对他说："你救了我的女儿，天明后，你出门往北走，翻过三个山口，再爬过一个高坡，就是我的家。我一定好好答谢你。"拱祥醒来觉得这个梦很奇怪，就对妻子叙说了一遍。妻子听了惊奇地说："我做的梦和你的一模一样。"既然夫妻做了同样的梦，他们就断定是神仙显灵，有可信度。于是拱祥与妻子就出门往北走，翻过三个山口，爬过一座高坡。不大一会儿，一位姑娘出现在夫妻俩面前，施礼打躬，感谢他们的救命之恩。原来她就是那条小红蛇，因为贪玩差点儿被老鹰抓去。姑娘请他们跟着她往前走，一会儿就来到一个深潭边。姑娘眨眼间就不见了。拱祥和妻子突然听到从水面上传来闷声闷气的声音："你们就住在这里吧。这里鱼肥味美，够你们吃几辈子的。"于是拱祥夫妇就在这里凿石建屋，安家落户了。

后来，有个恶魔突然闯到这里来，它张开饕餮大口，吞噬鱼类，一天没有几百斤是不够它吃的。眼看着深潭里的鱼类越来越少，拱祥夫妇很是着急。这时恶魔恰好将吃剩下的一条小红鱼扔到拱祥夫妇的身边。拱祥捡起这条小红鱼，怜悯地自语道："鱼呀，可有什么办法对付这个恶魔呢？"不料，小红鱼说话了："请你用包米面将我包裹起来，每天用花露水洒在我身上，九九八十一天后，我就有办法对付恶魔了。"拱祥夫妇一听，原来是那位姑娘的声音，就满口答应，一定要救姑娘一命。这时姑娘又说："从现在起，你们就砍竹木，搭建楼房。切记切记。"拱祥夫妇按着姑娘的话，一一照办。他们用包米面裹上小红鱼，一天不落地往鱼身上洒花露水，还砍竹木，搭房子，一切都准备停当了。

到了九九八十一天时，只见那包米面裹着的鱼身子一抖，变成了一条活蹦乱跳的大金鱼，再一抖，就变成了一个美丽的姑娘。只见她嘴里说了句什么，然后又做了个手势，突然间，狂风大作，飞沙走石，雷电交加，洪水铺天盖地倾倒下来。眨眼工夫，就把这块地方全部淹没了。那个恶魔被大水冲到一个石屋里，走不动，出不来，活活地被淹死了。而拱祥夫妇的木楼，却随着水漂了起来，水涨楼高，没有被淹，安然无恙。自此以后，水族人家就喜欢住木楼，这种风俗一直沿袭至今。

布朗族的饮食习俗

嚼　茶

云南西双版纳的布朗族制茶经验丰富，他们吃茶的方法很有特色。布朗人喜欢喝酸茶。不过，他们不是用开水冲酸茶喝，而是用嘴嚼。将沤好的酸茶放进嘴里，经反复咀嚼之后，再咽进肚里。他们认为这种咀嚼能使茶的清香充斥满口，生津解渴，还能促进消化，对身体很有益处。

除酸茶外，布朗族人还常吃"烤茶"。这种"烤茶"的做法是将茶叶放进无水的陶质茶罐内，再置于火塘上烘烤。在烤到茶叶出现扑鼻的茶香时，就注入滚烫的开水。这种烤茶香气醇厚，余味深长，也是布朗人最爱饮用的茶。

嚼　烟

除了嚼茶之外，布朗族人还有嚼烟、嚼槟榔的嗜好。他们用槟榔叶包上少许烟丝，再包上一点芦子、槟榔果等果干，放进嘴里慢慢咀嚼，一直嚼到烟草味变淡之后，才吐出来。由于布朗人喜欢嚼烟，他们的牙齿都被染成紫黑色，不过这样的牙齿不生蛀蚀，因为槟榔果具有防止牙蛀蚀的作用。

吃　蝉

布朗族人还喜欢吃蝉。他们不是用工具去捕蝉，而是在黄昏时到山野收集那些飞不起来的蝉。将捡到的蝉用开水稍稍一煮，再剪去双翅，用小笼屉蒸熟，用盐拌后，捣成蝉酱。这种蝉酱是他们很喜欢吃的小酱菜，据说还有清热解毒的作用。

吃酸食

布朗族人非常喜欢吃酸的食物，如酸笋、酸肉、酸鱼等。这与他们的生活环境息息相关。西双版纳的布朗族人喜欢吃生肉。生肉的做法是将生鱼肉、生牛肉或者是生马鹿肉剁细，然后再拌入辣椒、大蒜、盐、香菜等调味品，稍有腌味就吃。当地盛产糯米，这种粮食不好消化，而吃酸食则可帮助消化，而且糯米也是腌制酸食的良好作料。

布朗族居住在山地，交通不便。他们习惯于早晨做好一天的饭食，吃过早饭就带着中午饭上山。中午在山上就着酸菜吃中饭，傍晚下山后，也很少再生火做饭，依然是吃些糯米饭和酸菜、酸肉或酸鱼，方便而实惠。布朗族人特别喜欢吃酸鱼。酸鱼的制法是将小鱼去掉内脏之后，撒上少许的盐，再把它们装到罐子里面，并在里面和一些冷饭，经过数天之后，等待其发酵。当这些小鱼略带一些酸酸的味道时，就可以食用了。

俄罗斯族的禁忌

一忌馈送黄色礼品

俄罗斯族传统习惯认为黄色是不忠诚的表现，送给人黄色礼品，意味着不吉利。他们喜欢蓝色的礼品，认为蓝色象征着友谊，是友好的表现。

二忌赠人手套

古代俄罗斯人在发生争执时，喜欢以决斗来争高下。按传统习惯，在决斗前，决斗双方要互递手套，表示决斗即将开始。因此俄罗斯族很忌讳人送手套，认为这是挑衅的表现。

三忌询问个人隐私

与俄罗斯族人初次交往时，不要询问对方的隐私，特别是对于女子更要回避年龄、工薪待遇、成婚与否等个人隐私。

四忌不雅动作

俄罗斯族人忌在公众场合，或与人谈话时打喷嚏、抠鼻孔、伸懒腰、抓痒、大声咳嗽、放屁等不雅动作。与人交谈时，不能用手指对方。去某家做客时，切忌不要坐在人家床上。另外，俄罗斯族人还忌讳让烟时只递一支，用一根火柴给三个人点烟等。

五忌衣冠不整

出席俄罗斯族人的家庭宴会或晚会时，男人要事先刮脸，注意修饰边幅，穿着要整洁，最好穿西服。穿西服必须打领带，穿皮鞋。女性最好穿裙装。

六忌"星期五"和"13"

据《圣经》记载，耶稣曾召集他的 12 个门徒在犹太各地传教。后来被犹太教当权者所仇视，将他们 13 个传教者逮捕，并在一个星期五这天被罗马帝国驻犹太总督彼拉多处死。因此，信仰基督教的民族都以 13 这个数字和星期五为忌讳。俄罗斯人信奉基督教和基督教派系的东正教，所以他们也忌讳"星期五"和"13"，请客时从不请 13 个客人，结婚时也避开每月的 13 日，也不在星期五举行团聚或有意义的活动。

德昂族的礼仪和风俗

德昂族是云南省境内独有的民族，主要居住在德宏、临沧、思茅地区。在漫长的历史演变中，他们逐渐形成了独具特色的民族礼仪和风俗。这主要表现在以下几个方面：

浓烈的茶情结

德昂族的种茶、制茶技术历史悠久，较为发达，被誉为"古老的茶农"。生活中，德昂族人几乎每天都离不开茶，不论是婚丧嫁娶，还是探亲访友，都把茶当作最佳的礼品。如果因某件事冒犯了他人，去向人家道歉时必须带一包茶，以此表示自己的歉意；媒人到姑娘家提亲要带着包茶，以表示诚意；去参加婚礼时，要送给主人一包用红线捆成十字的茶叶；参加葬礼时，要送一包用白线或竹麻捆扎成十字的茶叶。德昂人嗜茶如命，不仅爱喝浓茶和自制的酸茶，还经常将酸茶直接放在口里嚼，认为这样吃茶，虽说有些微苦和微酸，但回味起来却有着甘甜的感觉。

尊老爱幼

德昂族自古就以尊老爱幼闻名，长辈抚养幼辈，幼辈赡养长辈已成为民族的美德。在过年过节时，幼辈人要把自家里最好的包菜送一份给村寨里的高寿老人吃，以此表示对长辈的敬意。在每年秋后收获新米，首次用新米做饭时，要由长辈先吃第一口饭尝新后，全家人才能吃。

尊重寨神

德昂族的各个村寨都有村寨的保护神——寨神。他们往往是选一棵村寨外或村寨内的树龄长的大树尊为寨神的栖息之所。在每年欢庆春节时要举行祭神活动。平时对寨神栖息的大树爱护有加，不只是禁止砍伐寨神树，还严禁在寨神树周围大小便。

蛇崇拜

德昂族对蛇崇拜得很虔诚，他们在村寨附近选一棵大树尊为蛇树，在树的四周建起围墙，严禁人们走近或破坏。

祭祀谷娘

德昂人是以大米为主食的，根据古代的风俗，他们把企盼稻谷丰收的愿望寄托在一位女性保护神"谷娘"的身上。每年在耕地播种之时，以及在中耕和收获稻谷之时，都在地头举行对谷娘的祭祀活动。祭祀的人要穿着干净的服装，人们敲起铜锣和象脚鼓，非常隆重。

婚礼演奏《芦笙哀歌》

德昂族青年举行婚礼时要唱一支叫作《芦笙哀歌》的歌。这是德昂族人争取婚姻自由的结晶。传说古代有个德昂族姑娘爱上了一个年轻猎手。但姑娘的父母不同意这门亲事，为把姑娘和猎手分开，就将姑娘安排到山上的窝棚里去住。不料，夜里姑娘被豹子吃掉了。年轻猎手闻知此事，就进山杀死了豹子，然后收拾起姑娘的遗物来到姑娘家外，用芦笙吹起了凄婉、忧伤的《芦笙哀歌》。自此以后，德昂人就不再干涉儿女的婚事。为了不忘干涉儿女婚事的惨痛教训，以后就形成了婚礼上演奏《芦笙哀歌》的习俗。

德昂族的新米先给牛吃

德昂族是以大米为主食的民族。他们有个传统的习俗，就是每年秋天收获的新米，要先给牛吃，以此表示对牛的尊重和感激。

这个风俗据说源于一个古老的传说。相传在很久远的年代，在德昂族居住的亚热带雨林山区，有一家德昂人，父母双亡，只留下兄弟俩相依为命。他们家很穷，父母只给他俩留下一个茅草棚子、一片茶树林和一头老黄牛。哥哥游手好闲，好吃懒做，不愿意种地，就鼓动着与弟弟分家。结果哥哥分得了家里的茶树林，将茅草棚子和老牛分给了弟弟。哥哥将这茶树林卖掉，把卖得的钱吃光，花光，无以为生，就流浪着去外地讨饭。

弟弟却是个勤快、敦厚、心地善良的人。他在分家时没有得到茶树林，就牵着老牛到山崖下的水塘边开荒。他每天日出而作，日落而息，与老牛相依为命，不辞辛劳，开出了一片荒地栽上茶树。

他的老牛很有灵性，总想帮助它的主人成个家。有一天，有几个仙女来到山崖下的水塘里洗澡，老牛觉得这是个好机会，就偷偷地叼了一个仙女的衣服。到了夕阳西下时，其他仙女穿上衣服回到天宫去了，而这个被偷了衣服的仙女却无法离开水塘。这样，在老牛的说合下，仙女与弟弟成了亲。

弟弟与仙女成婚后，生活得很美好，彼此相敬如宾，男耕女织，第二年仙女就生了个白胖儿子，夫妻感情更加融洽。他们夫妻在一次闲聊中，弟弟无意间透露出老牛偷衣服的事情。仙女非常嫉恨偷偷摸摸的事，听到这个消息，特别恼火，抱起儿子就飞上了天庭。老牛知道后，就驮着主人追到了天庭，弟弟向玉皇大帝要孩子。玉皇大帝说，你要是能在山崖下开出一百亩荒地，种上稻谷，打出粮食，吃上米饭，我就把孩子给你。老牛又驮着弟弟回到山崖下，在老牛的帮助下，弟弟终于开出荒地，种上稻谷，秋后又打了粮食，吃上了米饭。

这件事被天庭的千里眼看到了，报告了玉皇大帝，玉皇大帝就派天神将孩子送了下来。弟弟得到了儿子后，就让老牛驮着打下的稻谷，回到山寨，将稻谷分发给所有的德昂人，并教会他们开荒和种植稻谷。从此，德昂人学会了种植稻谷，他们在第一次收获粮食之后，先把粮食喂给牛吃，以感激老牛为种植稻谷做出的贡献。此后沿袭成习，他们每年收获的粮食都先给牛吃。

裕固族的节庆活动

裕固族的节庆活动主要有春节、正月大会、六月大会、九月大会和口剪鬃毛等。春节的习俗与汉族大体相同，是裕固族一年中最为盛大的节日。在除夕的下午要举行火驱凶神的活动。根据裕固族的传统习俗，在除夕到来之前，要将帐篷的内外打扫得干干净净，并在帐篷外的空地上点燃两堆柴火，同时还要燃放鞭炮，驱赶着牲畜从两堆火之间走过，为的是将凶神驱逐走，以保障人和牲畜的平安。春节的节期是从正月初一到初五，在这几天中不能使用刀、剪和扫帚。除夕这天晚，上全家人在一起吃年夜饭，饭后大家在一起唱歌，直到后半夜才休息。大年初一天一亮，人们就起来敬天神，然后吃过饺子，穿上新衣就去给长辈拜年。

正月大会是裕固族的宗教节日，一般是在农历正月初十至十五日举行。每逢正月大会，裕固族男女老少都到寺院烧香磕头，祈祷平安吉祥。祈祷完毕后，寺院的僧人戴着牛头、马面的面具，一边跳着祭神舞，一边向前来祭祀的人群抛撒红枣，表示吉祥如意。最后大家聚在寺院里吃手抓羊肉、油炸果子、喝奶茶，用以欢庆这个宗教节日。此外，还有六月大会，也是裕固族的宗教节日，但流行的地域不同，其节日的内容也是以祭神为目的。只是六月大会是祭山神的，在请喇嘛念平安经时，要一边向山上抛洒清茶，一边祈祷山神保佑平安。

九月大会也是裕固族的传统宗教节日。因为在每年农历十月二十四日至二十六日举行，所以又称"十月大会"。这项活动是为纪念藏传佛教格鲁派创始人宗喀巴而举行的传统宗教活动。在这三天的九月大会期间，寺院经堂内悬挂着宗喀巴的画像，前来参加纪念活动的裕固人虔诚地在宗喀巴画像前焚香叩拜，经堂内的喇嘛、僧人诵经纪念宗喀巴。纪念仪式结束后，寺院要以手抓羊肉、油炸果子等食物招待参加者。

剪鬃毛是裕固族的农家祭祀活动，在每年农历四月十一日以后的几天内举行。裕固族是以畜牧业为主的民族，对牲畜的感情很深。在小马驹长到一周岁时，要为小马驹剪鬃毛。这次剪鬃毛不同于以后的剪鬃毛，具有纪念意义。通常要举行较为隆重的仪式，邀请亲友前来参加。剪下的第一绺鬃毛要供奉在神像前，以便求得神明的保佑，使小马驹健康地成长。仪式过后，主人家要以烤全羊来宴请前来参加仪式的亲朋们。

裕固族的待客礼仪

裕固族人民热情好客是有传统的。裕固族有个风俗，如果家里来了客人，老人会站在帐篷口迎接，并热情地把客人请进帐篷。然后，妥善地把客人安排在家里的贵宾所坐的地方，即左侧的床上。入座时，客人应按裕固族的风俗先双膝跪坐，然后再盘腿而坐。

招待客人吃饭时，常常有酒，以酒待客是裕固族的美好品德。一般来说，裕固族人都是先吃饭后喝酒，而且是干喝，不吃菜，都有一定的酒量。为了表示对客人的尊敬，喝酒时总是轮流地向客人敬酒。客人要是不喝，便会被认为不够朋友。这么说吧，在热情好客的裕固族人劝酒面前，没有酒量非被灌醉不可。

拉祜族的奇特婚俗

"抢包头"与"送茶叶"

拉祜族青年男女是把"抢包头"作为一种方式来谈恋爱的。每当未婚男子看上了哪位姑娘时，便四处打听这个姑娘是否勤劳，并借机去她家中看看是否会缝衣、是否能侍候长辈。如一切满意，男子就在村寨联欢会跳芦笙舞时，去抢这位姑娘头上的包头，并迅速逃跑，被抢的姑娘不得生气，但不论是否愿意，都要去反抢回来。

当姑娘追赶抢包头的男青年到僻静处时，双方要对唱起来，对话内容是互相了解各自的身世，如双方愿意互交朋友，便相约第二次见面。这时女方便开始详细了解男方，观察他，会否犁田、脾气怎样，如不满意，便不再相约见面，或故意失约。这时，被男方抢去的包头，便由女方长辈去要回来，这桩婚事，也就告吹。如双方都满意，就再次约会，男女双方选定时间后，在各自伙伴的陪同下，燃起篝火，尽情跳舞唱歌，互换定情物，并回家告诉父母。

接着，男方父母请媒人去提亲，按拉祜族习俗要走三趟。第一趟是送茶叶，这在婚俗中是十分重要的；第二趟是带上酒与烧茶用的土罐；第三趟是带去布与谷子，接着协商婚事日期与仪式。

拉祜族的婚姻仪式很俭朴，结婚之日，新郎带上茶叶、烟草，在媒人及伙伴陪同下，去新娘家拜堂成亲。新郎新娘抬新水，敬父母后，夫妻同饮一碗清水，表示心地纯洁，白头偕老。

"串小伙"

　　生活在云南的拉祜族是一个能歌善舞的民族，青年男女的婚恋，大多是自由恋爱的，而且是姑娘很大胆，很主动，这与别的民族的"串姑娘"不同，他们却有"串小伙"之说。

　　在每年的农闲季节，气候温和，劳作轻松，正是拉祜族青年谈恋爱的好机会。每当夜幕降临时，拉祜族姑娘便成群结队地到其他的寨子里去"串小伙"。她们在寨子街上唱歌，邀请小伙子到寨子外与她们对歌。小伙子们其实早已有所准备，一听到姑娘的歌声，就带上芦笙迎着姑娘们走去。他们来到寨子外的打谷场上，点燃篝火，吹起芦笙，手牵手围成圆圈，通宵达旦地欢跳芦笙舞。这既是一种青年男女的联欢活动，也是结识、了解异性的好机会。其间，有的彼此爱慕的一对对男女青年钻入树林，开始对歌，表达彼此爱慕的情感。20世纪50年代的那部深受观众喜欢的电影《芦笙恋歌》，就是这种恋爱生活的写照。有时姑娘喜欢的小伙子不出来，这个姑娘就唱歌讥笑他，讽刺他，还有的泼辣大胆的姑娘干脆找到小伙子家，硬拉着小伙子到野外与她对歌。

离婚办宴席

　　拉祜族青年结婚的仪式很简单，不办酒席，在谷场上燃起篝火，请一位长辈证婚后，亲友们围着篝火唱歌跳舞，尽兴而止。可是如果结婚夫妇离婚，则一定要由提出离婚的一方办宴席。被邀请出席宴席的人，不必上礼，白吃白喝。这不是让大家来祝贺离婚，而是借此对提出离婚者的经济处罚。

傣族独特的民居——竹楼

傣家的竹楼是一种独具特色的民居，它是以竹子为建筑材料的二层楼建筑。楼上住人，楼下四周无栏，用于放农具或供牲畜及家禽留宿。

传说这种竹楼已有上千年的历史。那时候，傣家栖息在山野的竹林里，由于天气变幻无常，经常下雨，气候潮湿，还经常有毒蛇出没，给傣家人的生活带来极大的不便。后来傣家出了个爱动脑筋的青年，叫帕雅桑目蒂。他想："这里到处都是毛竹，能不能利用这里的毛竹建造一座能遮风避雨的住所呢？"他砍了许多毛竹，试探着建造住房，几经试验都没有成功。

然而帕雅桑目蒂并没有气馁，继续寻找建造住房的办法。他为大家造福的美好愿望和执着精神，感动了天神帕雅英，他有意识地做示范性动作，启发帕雅桑目蒂。有一天，天神帕雅英变成一只美丽的凤凰，故意在大雨天被雨淋得浑身湿漉漉的，雨水顺着羽毛往下流。帕雅桑目蒂看到这些，受到启发，突然觉得要是用茅草做成像凤凰鸟背那样的东西，不就可以不怕雨淋了吗？他说干就干，割来茅草，相互绑缚成排，用竹竿托起来。这就成了他最初建造的以茅草为顶的茅棚。这种茅棚在下雨时也经受了检验，雨水可以顺着茅草往下流淌，而茅棚下的人不会被雨水淋湿。可是，这种茅棚能防雨，却不能躲避毒蛇和潮湿，天神帕雅英就决定再次变成凤凰启发他。有一天，帕雅桑目蒂看到一只凤凰站立在折断的毛竹直立的竿上，一条蛇从毛竹竿的根部爬过，那只凤凰像若无其事一样。聪明的帕雅桑目蒂又受到启迪，他想："要是把茅草棚建得离开地面，像凤凰站立在折断的毛竹上一样，不就不怕毒蛇和潮湿了吗？"于是他就把茅草棚改建成高脚屋。这样就使得这种竹楼可以防雨、防湿和防毒蛇了。帕雅桑目蒂从凤凰那里得到启示，终于为傣家父老建成了美丽的竹楼。

独特精美的傣家井

　　走进傣族村寨，在绿阴丛中，竹楼旁边，大青树下，或小径深处，可以看到一座座精巧、美观的傣家井，它们千姿百态，富于民族文化特色，成为傣族村寨中一道亮丽的风景线。傣家井最大的特色是井盖上有佛塔。傣族同胞笃信佛教，作为一种宗教建筑的佛塔，受到傣族人民特别的尊重与喜爱。傣族村寨中的每个井罩上几乎都建有形态各异的佛塔：有的井罩是飞龙作底，上置独立佛塔；有的是大象作底，上置大塔与小塔；有的是孔雀作底，上置三座小佛塔。在每座塔尖上系有风铃，轻风吹拂，丁当作响，悦耳动听。井罩还雕绘着各种图案，高雅华丽，显示着傣家人的尊严与虔诚。

　　傣家井的另一特色是，水井的井台、井栏、井筒均用青砖与水泥筑成，井台和井接楼合处是一道防止井外污水倒流入内的井栏，保护着井水的洁净，井栏上还放有用竹子做成的水瓢，供众人打水之用，井罩外镶嵌有象征水的明净的圆镜，显示着傣族人民重视环境卫生，爱好清洁、干净的传统习惯。

　　傣家井还有一个特色，便是在每眼水井建成之日，定为"祭井日"，每逢这一天，傣家的男女都穿上盛装，来到井旁，打扫卫生，清洁环境，并把井内的淤泥掏尽，还将井罩彩绘一新，以崭新的面貌，迎接每天来打水的人们。

土家族的崇虎与射虎

土家族自称是"白虎之后"。相传在远古的时候，土家族的祖先巴务相被推选为五姓部落的首领，称为廪君。在廪君的领导下，几经迁徙，土家人过上了定居生活，他们非常爱戴廪君。后来廪君逝世，他的灵魂化为白虎升天，从此土家族便以白虎为祖神予以敬奉。每家的神龛上常年供奉一只木雕的白虎。结婚时，男方正堂大方桌上要铺虎毯，象征祭祀虎祖。如今的土家族小孩大都穿虎头鞋，戴虎头帽，以及家家户户的门顶雕白虎、门环铸成虎头形状等都是以虎形象来驱恶镇邪的，表现出对虎的崇拜遗风。

在土家族有关白虎的传说中，白虎有两种：一种叫行堂白虎，凶恶无比，残害百姓，人们见之就奋力驱赶；另一种叫坐堂白虎，尊为神灵，坐镇厅堂，年年拜祭。

有一年祭虎之际，真的来了一只大白虎。这白虎威风凛凛，目空一切，东家看看，西家转转，吃了东家的供品，又到西家解馋，还吃猪羊，有时看你不顺眼，还咬你一口。你要是对它不敬，它一声长啸，就会叫来一群虎。因此，人人惧之，不知如何是好。土家族的头人贴出请人打虎的告示说，谁把虎打死，封官赏金。可寨里不少老猎人都不敢揭榜。后生斑屯想为民除害，他知道打虎的危险性，他的爷爷就是因打虎丧的命。他想要是不打虎，族人总也安定不了啊。为了给爷爷报仇，斑屯揭了榜。头人设宴款待他，还给他铁弓毒箭。

斑屯根据老虎出没的路径实地察看，把打虎的地点以及危急时刻的退路等都选择停当，并按爷爷生前的嘱咐到太阳岩上砍了三根银荆竹，做成三枝银竹箭，又到雷打坟的坡顶砍来红铁杉，扎成杉木楼，并点上七盏白蜡灯。他自己则埋伏在楼口。

惊蛰头一天的后半夜，杉木楼上灯光闪闪，光彩照人，睡醒的白虎看见白蜡灯便升起占有欲，径直奔杉木楼扑来。埋伏在楼口的斑屯用银竹箭对准虎口猛射，穿透了老虎的喉咙，使老虎吼叫不得。接着，斑屯又用一枝银竹箭射进老虎的脑门，用斧头砍下虎王的标记，最后一箭射进老虎的心脏。这三箭，箭箭射中老虎的要害，使老虎一命呜呼。

斑屯扛着死虎回寨，族人见了欣喜若狂，纷纷赞扬斑屯的壮举，为他庆功。但麻烦也随之而来。山上的老虎看见虎王被害，都蹿下山来。族人又恐惧起来。斑屯告诉大家不要害怕，他抽出一枝闪着白光的银竹箭，没等射出，老虎看见白光马上掉头跑散。于是，族人在屋外墙上用白灰画上斑屯的弓箭，老虎从此再也不敢进村害人了。后来，就留下了银箭射白虎的习俗。

（说明：本书使用的个别图片无法与原作者取得联系，在此表示歉意，敬请原作者及时与我社联系，我社将按照有关标准支付报酬。）